学会说话

陈浩宇 著

中国友谊出版公司

图书在版编目（CIP）数据

学会说话/陈浩宇著．——北京：中国友谊出版公司，2021.6
ISBN 978-7-5057-5213-9

Ⅰ．①学… Ⅱ．①陈… Ⅲ．①语言艺术－通俗读物 Ⅳ．① H019-49

中国版本图书馆 CIP 数据核字 (2021) 第 090574 号

书名	学会说话
作者	陈浩宇
出版	中国友谊出版公司
发行	中国友谊出版公司
经销	新华书店
印刷	河北鹏润印刷有限公司
规格	880×1230 毫米　32 开
	7 印张　131 千字
版次	2021 年 6 月第 1 版
印次	2021 年 6 月第 1 次印刷
书号	ISBN 978-7-5057-5213-9
定价	45.00 元
地址	北京市朝阳区西坝河南里 17 号楼
邮编	100028
电话	(010) 64678009

前　言

在现代社会中,一个人能否在面对不同的场合、不同的对象时都能一语中的、字字精彩,其成就与境遇必定会大不一样。有个故事讲的是,在酒足饭饱后,国王问大臣:"你们说,世界上什么最难?"大臣回答:"世界上说话最难。"其实,大臣没有说出来的隐含意思是:说话最难,尤其是和国王说话最难。平常若问起"你认为自己很会说话吗?"之类的问题,相信大部分人在回答时都会感到犹豫。

是啊,凡是有一定工作经验的人都知道,说话容易,但是要把话说到位,则非常困难。有的管理者说:"我招聘的时候,要考察他能力的高低,就看他说话的水平。"你看,说话能力多么重要!所以说,口才的好坏直接影响到一个人未来的前程,那些表现得羞怯拘谨、笨嘴笨舌之人,总会处在交际困难的尴尬境地。

会说话,说到位,是让双方从陌生到熟悉的关键,是双方顺畅交流的开始。那么,到底要怎么样才算会说话呢?聪明人与平庸者的表达方式到底有什么不同？最高明的口才与最愚蠢的说话又有什么区别？这其中的关键就在于能不能把话说到点子上！会说话，也许不是我们想象的那么容易的事，但同样也不像我们想象的那么困难。

好口才并非天生，想把话说得明白、说得到位、说得得体、说得出色，需要后天训练才可以做到。本书就是教你在不同的场合与不同的人交谈时，恰当地运用各种说话技巧，在最短时间内引起对方的兴趣、打动对方、掌握对方的心态，使你在面对各式各样的人时，都能应对自如。这些实用性极强的技巧，得到了成功人士的实践和锤炼，相信广大读者通过学习和训练，也能够大大提高自己的说话水平，像许多成功人士一样，说出入耳动听、打动人心的话。

总之，懂得在关键时刻、关键场合说恰当的话是成功与否的决定性因素之一，也是你必须具备的重要能力之一。它是一种智慧、一种能力、一种生存资本，体现了一个人的综合素质和能力。它能够使你迅速地说服他人，从而赢得与他人宝贵的合作机会；还能让你得到上司的重视，得到同事的尊重与合作，赢得下级的拥戴与配合，从而让你的生活、事业锦上添花。翻开这本书，改变就已经开始！你会发现说话的魔力超乎你的想象，当你已能口若悬河、应答自如时，成功就离你不远了。

目 录

第一部分 职场生存篇

01 向老板提建议时,如何让他听到心里去 / 002

02 当老板盛怒时,如何让他消气 / 005

03 向老板汇报工作时,如何让他赞赏有加 / 009

04 当老板犯错时,如何化解窘境 / 011

05 跟老板谈判时,如何巧妙周旋 / 014

06 要求老板加薪时,如何不卑不亢达到目的 / 017

07 批评下属时,如何让他心服口服 / 020

08 拒绝老板时,如何掌握好分寸 / 023

09 年终谈话时,如何让老板刮目相看 / 026

10 冒犯老板后,如何弥补挽救 / 029

11 工作失误时,如何得体认错 / 031

12 拒绝同事要求时,如何不伤害关系 / 034

13 回应陷阱问题时,如何巧妙避开 / 036

14 意见产生分歧时,如何避免争论 / 038

15 恭维别人时,如何让他心花怒放 / 041

16 需要打圆场时,如何安抚对方情绪 / 044

17 突显高情商的十大职场说话技巧 / 047

第二部分　营销制胜篇

01 初次见面时,如何让客户产生好感 / 054

02 电话行销时,如何提高成功率 / 057

03 主动推销时,如何刺激客户的购买欲 / 061

04 客户沉默时,如何打开他的话匣子 / 064

05 接听电话时,如何传递必要信息 / 066

06 应对愤怒客户时,如何有效化解其怒气 / 069

07 赞美客户时,如何夸到点子上 / 072

08 客户提出异议时,如何巧妙应答 / 075

09 见面攀谈时,如何打造良好印象 / 077

10 客户压价时,如何恰当说服 / 083

11 应对分心客户,如何吸引其注意力 / 085

12 客户说要考虑时,如何催促其购买 / 089

13 演讲推销时,如何战胜紧张和恐惧 / 092

14 向客户催款时,如何巧妙施压 / 096

15 电话访问时，如何打动客户 / 101

16 增加成功率的七大销售说话技巧 / 105

第三部分　社交往来篇

01 和陌生人交谈时，如何打开局面 / 108

02 朋友失意时，如何帮助对方 / 110

03 说善意的谎言时，如何做到真诚 / 112

04 向人道歉时，如何正确传达歉意 / 115

05 鼓励别人时，如何激发他人斗志 / 118

06 感谢别人时，如何传递感激之情 / 121

07 安慰别人时，如何鼓励而不伤他人自尊 / 123

08 遭遇窘境时，如何利用自嘲化解 / 128

09 需要插话时，如何掌握恰当时机 / 131

10 日常相处中，为何要避免"马后炮" / 134

11 不便明说时，如何用双关点醒他人 / 136

12 赞美他人时，如何让好话更突出 / 139

13 日常寒暄时，如何加深彼此关系 / 141

14 做出承诺时，如何把握好分寸 / 144

15 批评人时，如何让人接受而不伤关系 / 147

16 面对羞辱时，如何巧妙地正面回应 / 154

17　面对攻击时，如何避其锋芒 / 157

18　陷入僵局时，如何重新打开局面 / 162

19　提升人际关系的六大社交说话技巧 / 166

第四部分　圆满说服篇

01　正面说服无效时，如何诱其深入 / 172

02　管教他人时，如何做到以德服人 / 174

03　难以说服时，如何诱之以利 / 177

04　讲道理无用时，如何以情动人 / 179

05　道理复杂时，如何寓理于喻 / 182

06　道理空洞时，如何情理结合 / 185

07　需要忍耐时，如何以退为进 / 188

08　面对权威时，如何投其所好 / 192

09　阐述观点时，如何让表达生动 / 197

10　提出意见时，如何照顾对方自尊 / 200

11　规劝他人时，如何用反话点醒对方 / 202

12　对方醒悟时，如何做到见好就收 / 205

13　提升影响力的一个万能沟通技巧 / 208

参考书目 / 212

第一部分

职场生存篇

01 向老板提建议时，如何让他听到心里去

你是否有过这样的经历：当你把自己的奇思妙想报告给上司，并为此兴奋不已的时候，却被上司当头泼了一盆冷水。这可能是因为你没把话说到点子上。那么，我们该怎么做呢？

（1）让老板自己做出决定

大多数人在发表自己的意见时，都会很有自信且具有鼓舞性。但是向老板推销你的设想的时候，要站在他的立场上来考虑，让他做出最后的决定。因为很多时候你想到的解决问题的方法是超越了你的权限的。这时候你应该列出一些方案供老板选择。你可以选择这样的方式向老板说明你的想法："您觉得这样是否妥当？""您认为这个方案可行吗？"等等。这种请教的语气常常会不露痕迹地把自己的想法灌输给老板，让他从自己的角度去考虑这些问题，并且付诸实施。

在美国前总统威尔逊的智囊团中，只有霍士最得信任，而其

他人的意见往往难以被采纳。后来霍士成了副总统。霍士自述："我认识总统以后，发现了一个让他接受我的建议的最好办法，那就是我先把计划偶然地透露给他，使他感兴趣。这是在一次偶然的机会中发现的。我有一次去谒见总统，向他提出一个政治方案，可是他对此表示反对。但是几天后的一次宴席上，我吃惊地听到他将我的建议当作他自己的意见发表了。"

正是用上述启发的口吻，霍士成功使威尔逊坚信一切思想、方案都是出于自己的头脑，并且贯彻实施了它们。

职场、政界本有相同之处，那些常常为了自己的好点子不能被老板采纳而发愁的人不妨试试这种方法。

（2）间接委婉地提出你的建议

春秋时期的齐景公姜杵臼喜欢打猎，但箭法却不高明，常常大张旗鼓出猎，一无所获而归。齐景公对此很恼火。后来，有人想出一个办法：在鸟的脚爪上拴细线，使它像风筝一样，可收可放，操纵自如。一次射不中，可以再射。反正有线绳系着，无法逃脱，总会被他射中的。有一次，不知什么原因，一只鸟飞得无影无踪，齐景公火冒三丈，把看管鸟的官员烛邹找来，下令当场处死。

宰相晏子当然不能支持这种残暴行径，但是齐景公从来就没有明主的称号，改变他的决定十分不易。弄不好连自己都得搭进去。于是，才思敏捷的他，请求齐景公让他陈述为什么要杀烛邹的理由，然后再执法，要他死得心服口服。齐景公想想也是，便同意了。然后，晏子声严色厉地申斥："你知道吗？烛邹，你为吾王管鸟，却把鸟管丢了，罪该死。因为鸟丢了，害得吾王生气，为了鸟的缘故开了杀戒，罪该死。杀了你倒还罢了，如果被别国诸侯以为吾王重鸟轻人，造成极坏影响，罪更该死。"说到这里，他对刽子手说："三条罪状已经宣告完毕，你可以执行了！"

齐景公这位昏君还算没有糊涂到底，于是收回成命。晏子敢于相谏，是凭借他的机智、干练和正直。不过，最重要的是他很懂得讲话的技巧，能够把握讲话的时机，了解讲话的对象。对至尊至贵的君主，臣下是没有资格教导他该怎样、不该怎样的，只能拐弯抹角地予以晓喻。

同样，向老板提出建议时也要讲究沟通的技巧，哪怕你是他的心腹。唐太宗李世民以善于纳谏著称，而他的大臣魏征也以直言进谏而著称。李世民虽然多次采纳了魏征的建议，但是魏征经常让他下不来台，也曾使他动过杀机。

领导者不一定都会糊涂到齐景公的程度，但是你要知道怎样应付这种局面。如果你遇到的正是这样一位君主式的蛮横跋扈型老板，那么这个技巧就用得上了。

02　当老板盛怒时，如何让他消气

当你遇到一位让你痛苦不堪的坏脾气老板，在上下权力不对等的情况下，似乎只有两条路可选：接受或走人。不过，若是你一遇到状况就选择走人，可能平白损失了许多学习、成长甚至青云直上的大好机会。而且，世上本来就没有十全十美的老板。那么，除了跳槽以外，难道就没有更好的方式可以见招拆招、降低损害？

身为秘书或下属，在职场要遵循的首要原则就是服从上司，圆满完成上司的命令或要求。即使从某种角度上而言，上司的要求有些过分，也应该尽量从大局考虑，没有必要非来个刀光剑影，这样虽然一时痛快，但却极有可能对你后面的工作造成不利影响。俗话说，"忍一时风平浪静，退一步海阔天空"，良好的人际关系、适当的情绪管理，是为工作加温、增加晋升机会的良方。

"火山型"老板，性格就跟六月天一样，阴晴不定，而且发起脾气来六亲不认，骂起人来口不择言，全然不顾员工自尊。与这种老板相处，千万不要在他盛怒时直撄其锋，而是应该先控制自己的情绪，采用"甘当沙袋、后冷静陈情"的方法慢慢化解。因为老板通常也很爱面子，若员工当众挑战他的权威，哪怕员工多么有理，都只会使情况更恶化。所以对老板讲道理只能在事后讲，别在当下两不相让时说。

通常情况下，上司不合理的责备，或许让你当下很没面子，但毕竟他是你的上司，有职务上的权力，就算做不到对他的尊重，也要衡量一下与他针锋相对后的后果。其实有时候，态度柔软些，反而能让风暴快点过去。因此，老板盛怒时，应该逆向操作，用一种谦虚稳重的态度洗耳恭听，感谢上司指教，并拿个本子一一记下老板的要求或不满之处。等他发完脾气后，再对老板说："你能否听听我的解释呢？"在得到许可后，你就可以"一、二、三、四"地说出自己的观点了。如果当时条件不适合解释，那么，一个有经验、成熟的员工，应该等到老板脾气过后，另外选一个恰当的时机，找一个气氛不错的场合，含蓄而轻松地重新解释自己的立场，那时候彼此才能够理性讨论事情。当然，要注意的是，不能有其他人在场，否则还是会让上司有"面子挂不住"的感觉。而如果自己真的有过失，就不要为自己找一丝借口，当老板指责时，若你说出："对不起，我想得太天真了！""对不起，是我疏忽，不够周全。""如果一开始照您说的方式做，就不会变成这样了。"

保证老板听到后,火气马上会降下来大半。当然,在最痛苦的当下还要忍住自己的脾气并不容易,但这却是使"火山"最快降温的方式。用一种"受教了"的态度响应老板的脾气,立即满足他想修理人的欲望,这样老板反而很快就会收手了……

所以说,老板盛怒时,想把话说到点子上,要注意几个要点:三思而后行;找出他想法的可取之处;别在气头上说重话;要知道适可而止;千万别在火爆时刻跟上司硬碰硬,更别死缠烂打理论到底。

总之,因为工作失当或绩效不彰,成为老板发泄愤怒的"受气包",对谁都是痛苦和可怕的体验。但是,世界上没有无缘无故的爱,也没有无缘无故的气。当受到老板批评时,如果我们只是局限于从自我的角度考虑问题,可能就会认为是老板故意找自己的碴、跟自己过不去。这种想法,不但不利于改正错误,还会形成抵触情绪,影响与上级的正常工作关系。所以,在遇到老板发怒、指责时,不妨从以下几个方面去思考:

(1)换位思考,站在老板的角度考虑问题

设身处地从老板的角度考虑一下:如果我是老板,遇到这种情况会有何感受?如果因此对工作造成负面影响,甚至产生严重后果,老板又将怎样?他会怎样对待犯了这种错误的下属?能够丧失原则、放任自流、姑息迁就吗?答案显然是不能!这样一想,往往就会心平气和了。

（2）顾全大局，理解老板，不要情绪化行事

要知道，由于每个老板的工作方法、修养水平、性格特征各不相同，对同一个问题的批评方式就会表现出明显差异。作为下级，不可能去左右上级的态度和做法，但应该认识到，老板是为了工作、为了大局，为了避免不良影响或以免造成更大的损失，哪怕是态度生硬一些、言辞过激一些、方式欠妥一些，作为下属也要适当给予理解和体谅。如果不去冷静反思、检讨自己的错误，而是一味纠缠于上司的批评方式是否正确，甚至出言当面顶撞，只会激化矛盾，更加有损于自己的形象。

（3）修炼忍功，放宽自己的心胸

但凡职场中人，受到打击或遭遇挫折是不可避免的，如果遭遇困境就针锋相对地反击，结果只能是后患无穷。反之，如果把每一次挫折都当作一次接受教训、磨炼意志的机会，把挫折和苦难视同一笔宝贵的财富，那么，是不是就能坦然面对？而当你能够胸怀宽广地面对各种困境，你的职场素养也就在不知不觉中大幅度提高了。

03 向老板汇报工作时,如何让他赞赏有加

向老板汇报工作时,要注意缩短时间,言之有物。没有愿意听冗长汇报的上司。因为他很忙,有很多问题要解决。汇报的时候要尽可能地缩短时间,可以先在一分钟内说清大致的情况,如果你的上司对此有兴趣,或者他认为有必要继续听下去,他会给你时间的。

汇报时语言要简洁,和汇报内容无关的事尽量不要说,否则会节外生枝,有时上司会问你一些事情,可能扯出许多事情出来,从而导致汇报偏离了主题。因此你要时时注意你的汇报内容是什么,不要跑题太远,否则你的上司会认为你逻辑不清。

南北战争期间,美国总统林肯对每天送到白宫的冗长的满纸官腔的报告感到非常厌倦,并且他也不希望这种情况再继续下去了。他用了一个生动比喻表达了他的不满和反对。他说:"当我派一个人出去买马的时候,我并不希望这个人告诉我这匹马的尾巴有多少根毛。我只要知道它的特点就可以了。"

同样,上司并没有兴趣知道你工作上的每一个细节,因为他很

忙，职位越高的上司越是如此。如果你想得到上司的赏识，最好打消在汇报工作时滔滔不绝地表现自己的念头。没错，那样做会让上司注意到你，但是增加的是他对你的厌恶，你的前途可就岌岌可危了。

一代天骄成吉思汗是一位能征善战的统帅。在一次征伐中，他要求一位通信兵报告前线的战事。当时蒙古人没有文字，通讯几乎全部依靠口耳相传的方式，传递信息的人把主要内容编成歌谣，在心中反复默记至准确无误。这位通信兵在见到成吉思汗之后立即唱起了记得滚瓜烂熟的歌谣。在长长的歌谣之中的确包含了统帅所需的重要信息，但是通信兵犯了一个极其严重的错误——他大段大段地歌颂成吉思汗并且使用了难以计数的华丽辞藻。这样的报告使得成吉思汗不胜其烦，因为他需要在这篇报告中提取作战必需的信息，听这样的汇报实在是太浪费时间了，要知道战场上的情况是瞬息万变的。成吉思汗当场就重重责罚了这个通信兵，要求他择其要点重新汇报。第二次的汇报令成吉思汗很满意，并对通信兵进行了奖赏。不过，如果这个通信兵能够早意识到说话简洁的重要性，也就不会受皮肉之苦了。

很多时候，上司会认为他的时间就是公司的利润，你占用了他太多的时间就等于妨碍他赚钱，他当然会不高兴。所以你在向上司汇报工作之前必须厘清思路，去粗取精，想好你要说的每一句话，并要预先设想上司可能会问到的问题以及怎样回答。这样你面对上司的时候就不会手忙脚乱了，相信你会说好要说的话，并说到点子上。

04 当老板犯错时,如何化解窘境

人非圣贤孰能无过,老板也有犯错的时候。这时候,你要懂得怎样说才能替老板摆脱窘境;或者不动声色,假装什么都没发生过,事后再尽力去弥补。

中国人爱面子,视尊严为珍宝。俗话说:"人有脸,树有皮。"做老板的尤其重视自己面子。作为老板,他是公司的权威,如果不慎做了错误的决定或说错了话,被不知趣的下属揭露出来,无疑会使他的权威受到挑战。这会让他很没有面子,会损害他的尊严,刺伤他的自尊心,大部分的老板都是难以忍受的。

因此,老板错了的时候,要适时适地维护他的尊严,以免伤害老板,自讨没趣。有一家公司召开年终总结大会,老板讲话时出了个错,说错了一个数字。一个下属站起来,冲着台上正讲得眉飞色舞的老板高声纠正道:"错了!错了!那是年初的数字,现在的数字应该是……"结果全场哗然。老板在全体员工面前大失颜面,顿

时面红耳赤，心中十分恼火。事后这名员工，因为一点小错误被解雇了。

当然，也有人做得很好。有一家公司新招了一批员工，在老板与大家的见面会上。老板逐一点名。"杨克。"全场一片寂静，没有人应答。一个员工站起来，粗声大气地说："老板，我叫杨兢，不叫杨克。"人群中传出一阵低低的笑声和窃窃私语。老板的脸色阴沉下来。"报告经理，我是打字员，是我把字打错了。"一个精干的小伙子站了起来说。"这次就算了，下次注意。"老板挥挥手，接着念下去。时隔不久，打字员被提升为公关部经理，杨兢则被解雇了。

那么，打字员是在拍马屁吗？每个人都有自己的知识短板，犯错误在所难免。作为下属，有什么必要当众纠正呢？显示你比老板出色吗？既然他是老板，就一定会有别人所不具备的特质，这些特质使他完全超越了你。如果杨兢当时应答，事后再巧妙地纠正，就不会伤害老板的面子。好在那个打字员主动承认自己错了，才巧妙地让老板从尴尬中走出来。所以老板有错时，不要当众纠正。如果错误无损大局，其他人也没发觉，不妨"装聋作哑"，等事后再予以弥补。指正老板的错误，首先最重要的一步是，务必确定老板真的犯了错，但是不能和老板硬碰硬。据理力争，拼死劝谏，以证据公开指责老板的错误，那样只会让老板以为你要摊牌，多半会使你抱负尚未施展就被打入"冷宫"，或是被"放逐"。

一旦百分百地确定是老板的错，有纠正的必要时，就开始找个好时机和适当的场合，设计好对话思路，委婉地告诉老板他所犯的错误。最好寻找一种能使老板自己意识到，而不让其他人觉察的方式纠正，让人感觉到老板自己发现了错误，而不是下属指出来的。用得恰当的话，一个眼神、一个手势甚至一声咳嗽都可解决问题。

所以说无论什么事，如果碰巧是老板的错误，作为下属在指正规谏时，要注意给老板留情面，然后想办法弥补损失。这样做既显得你通情达理，又能让老板看到你的工作能力，一举两得，何乐而不为。

05 跟老板谈判时，如何巧妙周旋

在企业中，老板与员工事实上处于一种不平等的地位。比尔·盖茨曾说："人生是不公平的，习惯去接受它吧。"在企业中的不同地位就是这种不公平的重要表现之一。在企业里，老板对员工，拥有恩威并济的赏罚筹码；员工对老板，除了离开，没有什么借以牵制的筹码，而只能找对方法求生存。公司里的生存法则是：只有功劳，没有苦劳。加之由于双方所处的地位不同，利益关系有别，再加上教养、性格等诸多方面的不同，员工在工作中与老板出现矛盾、冲突，遭遇不公平待遇也就在所难免了。这时，如果缺乏与老板谈判、交涉等语言技巧，就会吃大亏。因此，向老板讨公道时，把话说到点子上，就至关重要了。

（1）注意分寸，看准时机

同老板讨公道时，要注意分寸，看准时机，采取平和有理的说话方式据理力争。要注意的是，说话要软中带硬，并留有余地，如此才有可能保护自己的利益和权利。

（2）肢体语言与说话声调与老板保持一致

肢体语言与说话声调是给人好印象的第一要素。一位语言学家曾说过：如果老板说话的语气非常柔和，你就得避免粗声大气地和他说话。学会用对方的音频和语言状态沟通，能帮助你与之达到和谐的境界。而且，老板总会受他认为容易相处的人所说的话的影响，而不是那些态度冲动、语气恶劣的人。你可以试试几个小招数：适当模仿老板的语气和声调，保持相同次数的目光接触，注意对方使用手势的方法与节奏。不过尽量避免让人觉得你在操纵一切，被影响与被操纵是截然不同的。

（3）笑里藏针，巧妙周旋

员工如果比较倒霉，遇到过于尖刻吝啬的老板，在同他们争取自己的权益时，没必要将愤怒形于色，露于外，这无济于事。对付尖酸刻薄的老板最好的方法就是，用稍带风趣幽默又略有锋芒的语言与之周旋，笑里藏针，巧妙地保护自己的权益，讨回属于自己的公道。需要切记的是，不要代替老板做决定，要引导老板说出你的决定。

（4）借桑说槐，一语双关地申辩

这招对于弱势者来说比较合适。借用一个有趣的话题，委婉地同老板理论、申辩，借机把自己的意见和理由表达出来，并注意表达得抑扬顿挫，不卑不亢，一语双关，这样方不至于过分刺激老板而适得其反。

（5）运用类比方法启发老板权衡利弊

辨别事物时大家常用到比较的方法，在与老板沟通时，也可借用此法达到目的。通过这种办法，将自己与他人作对比，启迪老板权衡利弊，重视你的地位，以便于做出有益于你自己的选择，这样也不会使老板过于难堪。

老板和员工的关系十分微妙，立场对立，却谁都离不开谁。时代在变，老板和员工的关系也在变，双方都有了更大的选择余地，也都对彼此有了更多的要求。如何与老板相处既是一种人际关系的艺术，也是一种自我心理调整的艺术。聪明的员工用什么样的办法可以缓解与老板的诸多矛盾呢？在与老板相处时可以尝试以下几点：

学会换位思考，别遇到什么事都去抱怨别人的不对；降低期望值，别期望太高，希望越大失望越大；发挥优势资源，认识自我，把自己的强项表现出来让老板知道，告诉他你也有这个能力去很好地完成任务；凡事多沟通，老板不是高不可攀的，有事情多和老板谈谈，让老板理解你的意思；学会幽默，生活、工作中幽默一些，别默默无闻不出声，应学会自我调整。

06　要求老板加薪时，如何不卑不亢达到目的

是否你苦苦奋斗多年仍与加薪无缘？是否你觉得自己的付出没有得到应有的回报？是你不能鼓起勇气向老板提出加薪，还是老板毫不客气地拒绝了你？如果你想加薪，那么告诉老板。既然你觉得这利益是你应得的，为什么不提出来呢？那么，怎么保证把要求加薪的话巧妙地说到点子上，确保如愿以偿呢？

一直想着要求老板加薪，憋了几个月后，终于有一天对上司或老板开口了，你使尽浑身解数换来的却只有他的各种不能加薪的理由，或者干脆就是粗暴的拒绝。这时你气血上涌，一串连珠炮就放了出来："老板，你要给我加工资，外面有公司给我开出高50%的工资，如果你不按这个幅度加给我，我明天就走人。"

这样提出来的效果往往很差，做老板的一般都很重视面子，要在下属面前保持威严。如果你这样一要挟他就给你加薪，岂不是很丢面子？另外，如果你不能确定自己是公司里不可替代的人，或是

自己拥有别人所不具备的特殊才能，那么以辞职相要挟就是最愚蠢的方法了。即便是有加薪潜力的人，比如老板的得力干将、平常工作表现很好的人，企图用这种方式来换取老板加薪，最后成功的也是少之又少，免不了连现在的薪水也保不住，不得不离开公司，另谋出路。

向老板争取加薪，唯一的方法就是事前不停地自我练习，任何人甚至是你的爱犬，都可以是你练习的对象。谈判前做好准备，至少走进老板办公室时，不至于惊慌失措，也可以不急不慌地将意图表达出来。

首先，你可以开门见山表达想要加薪的理由，向老板说明，你为什么觉得自己的薪水应该比现在多些。其次，尽量列举工作表现的事实，并且有礼貌地一一陈述，切勿冲动。假如你有任何可以被证实的数字，可以礼貌地提出来。另外，在谈判过程中，你必须让自己掌握随机应变的筹码，接受老板当场对你弹性调整的心理准备。

员工可以这样告诉老板："我已经注意到我这个职位的平均月薪是5000元，考虑到我在过去6个月的业绩，我希望你能够重新评估我目前4000元的月薪。"而不是和老板大谈你正在贷款，同时有买车、买房等个人消费问题。员工应围绕业绩向老板提要求，并要让老板确信你提出的建议能使公司整体受益，然后可以提出一个具体数额。员工的价值在于是否有出色的业绩，是否为公司带来了利益，而不在于自身的需求。如果你真的确定自己为公司创造的价值必须让老板给你加薪了，那么不慌不忙地和你的老板谈谈吧。首先要选一个合适的时间——老板不太忙或者心情很好的时候。比如他刚谈成了一笔大生意、他喜欢的球队昨晚又赢了一场比赛。当加薪的要求被拒绝时，不妨心平气和地问问老板为什么，一定要保持礼貌谦逊的态度。比如可以这样问问老板："您觉得我怎样做才能达到您的加薪要求呢？"或者"您看我还有什么不足之处？我会尽快调整。"这种谦虚的态度不但表达了你对老板的尊敬，使他的颜面不受损，而且也使自己给老板留下了一个积极上进的印象。这样说虽然不会令老板为你加薪，但是你却获得了一个和老板交流的机会。老板会获得更多有关你的信息，那么他想提供更多的发展机会给员工的时候可能会想到你。如果老板真的结合你的实际，列举出你需要改进的地方，你就可以在这些方面努力，及时地改进，对你工作能力的提升绝对是大有帮助的，还可以为下一次要求加薪做个铺垫。

07　批评下属时,如何让他心服口服

常言道:"良药苦口,忠言逆耳。"无论何人,对于旁人的忠言或劝告,往往难以接受。如何才能找到一种正确的批评方法,使忠言不逆耳,从而减少被批评者的不愉快思想呢?作为主管,对别人发出忠告也好,批评也好,都要明确目的是教育,使对方的行动方向按良好的愿望改变。如果不能起到这个作用,倒不如保持沉默。

有一个人在一处禁捕的水库内捕鱼,远处走来一位警察,捕鱼者心想这下糟了。警察走近后,出乎意料,不仅没有大声训斥,反而和气地说:"先生,您在此洗网,下游的河水不就被污染了?"这令捕鱼者十分感动,连忙诚恳地道歉。若是警察责骂他,那效果则会完全不一样了。

而有些主管由于事先未考虑清楚究竟自己向部属提出的忠告或批评将会得到什么效果和反应,就随便说些下属该如何如何的

话。殊不知每个人都有自尊心，而这往往妨碍他去接受批评。所以，主管发出批评，必须使受批评的下属理解自己的出发点是为了集体好，也是为了下属本人好，其中并无个人成见，这样才有积极的作用。

"真没见过你这样的糊涂虫！""你不想干可以到别的地方去！"这类批评语是不可取的。因为它只能刺伤对方的心，激起对方的反感。"你没有必要沮丧"，这样的话能使被批评者感受到你对他还是尊重的。"如果你认为我说的有道理，你就听听吧。""我希望你不要让我失望。"这类话也可以使被批评者感受到你的温情。忠告或批评必须选择恰当的时机，最好是选择没有第三者在场的场合，否则他会认为你故意让他当众出丑，从而增加抗拒心理。

某单位的员工迟到早退的现象相当严重，主管终于忍不住出声了。如果态度和蔼，事情还容易过去；如果态度粗暴，甚至以威胁的口吻说话，那么，被批评者可能也会强硬地说："既然你对我不满意，那我不干好了。"这样就有可能使上司下不了台。通常情况下，迟到者不论其理由如何，绝不会视迟到为好事，虽然没向上司说声抱歉，但心理上总是不安。在这种情况下，你应当抓住人性的共同弱点，采用温和的语气说："很对不起，我不了解你有什么困难，如果能够克服的话，我请你注意一下影响。知道你住得远，交通又拥挤，不过我仍然希望你能尽量不迟到。"

由于你能够谅解他犯错误的原因，使他感到你不是故意难为他，他才可能听得进你的批评。

在与别人谈话时，最好不要互相比较，尤其在责怪别人或批评别人时，"相互比较"是最忌讳的事。

有位母亲总是用左邻右舍的孩子如何如何"争气""有出息"来贬责自己儿子"不长出息"。天长日久，使孩子处处感到有压力，处处觉得不如人，因而信心丧失，最后破罐子破摔。

类似这位母亲的做法，不断地"相互比较"会使下级泄气甚至绝望。由此看来，批评人时的"相互比较"实为有害无益的下策。批评的话语要力求简明，最好只用一两句话就使对方明白，然后立即转到别的地方去。不要喋喋不休地列举对方的过错，以免对方老是觉得你揪住他的辫子不放。批评是一种艺术，批评别人而要使其口服心服，就要讲究窍门。

08　拒绝老板时，如何掌握好分寸

作为一个在职场上打拼的上班族，难免会遇到这样的难题：老板突然开口让你帮他做一件很麻烦的工作，你想拒绝，却又不敢或不好意思开口，怎么办？

老板委托你做某事时，你要善加考虑，这件事自己是否能胜任？是否违背自己的意愿？然后再做决定。如果你认为这是老板拜托你的事不便拒绝，或怕拒绝了老板他会不悦而勉强接受下来，那么，此后你的处境就会很艰难。还有，倘若你的老板要委托你做无理或不恰当的事，你应该毅然地拒绝，这对他、对你自己都是好的。此外，限于能力，无论如何努力都做不到的事，也应该拒绝。但是这有一个前提，即是否真的做不到，应该确实地衡量一下，切不可因怀有恐惧心而不敢接受。经过多方考虑，提出各种方案后，是否能克服种种困难完成这个工作呢？都需要考虑清楚。如果实在是无法做到，就要拒绝。当然，对老板说"不"，采用什么办法才能让他接受，这里面也是很有学问的。

(1) 触类相喻，委婉地拒绝

当老板提出一件你难以做到的事时，如果你直言答复做不到时，可能会让他损失颜面。这时，你不妨说出一件与此类似的事情，让老板自觉问题的难度，而自动放弃这个要求。

甘罗的爷爷是秦国的宰相。有一天，甘罗看见爷爷在后花园走来走去，不停地唉声叹气。"爷爷，您碰到什么难事了？"甘罗问。"唉，大王不知听了谁的挑唆，硬要吃公鸡下的蛋，命令满朝文武想法子去找，要是三天内找不到，大家都得受罚。""秦王太不讲理了！"甘罗气呼呼地说。但他眼睛一眨，想了个主意，说："不过，爷爷您别急，我有办法，明天我替你上朝好了。"第二天，甘罗真的替爷爷上朝了。他不慌不忙地走进了宫殿，向秦王施礼。秦王很不高兴，说："小娃娃来这里倒什么乱！你爷爷呢？"甘罗说："大王，我爷爷今天来不了啦，他正在家生孩子呢！所以托我替他上朝来了！"秦王听了哈哈大笑，说："你这孩子，怎么胡言乱语！男人家哪能生孩子呢？"甘罗说："既然大王知道男人不能生孩子，那公鸡又怎么能下蛋呢？"秦王哑口无言，遂收回了成命。

(2) 佯装尽力，不了了之

当老板提出某种要求而下属又无法满足时，设法制造自己已尽全力的错觉，让老板自动放弃要求，这也是一种好方法。比如，当老板提出不能满足的要求后，就可采取下列步骤，先答复："这几天×××因急事出差，等下星期回来，我再立即报告他。"又过几天，再告诉老板，"您的要求我已转达了，他答应在公司会议上认真讨论。"尽管事情最后不了了之，但你也会给老板留下好感，因为你已制造"尽力去做"的假象，老板自然就不会再怪罪你了。

通常情况下，人们对自己提出的要求，总是念念不忘。但如果长时间得不到回音，就会认为对方不重视自己的问题，反感、不满由此而生。如果不能满足老板的要求，只要能做出些样子，对方也就不会再抱怨了，甚至会对你心存感激，主动撤回让你为难的要求。

（3）利用争论掩饰自己说"不"

例如，你被老板要求做某一件事时，你很想拒绝，但不敢直接说，这时候，你不妨拜托其他几位同事，事先商量好谁是赞成的那一方，谁是反对的那一方，然后找准时机在上司面前争论。等到争论过一会儿后，你再出面轻轻地说："原来如此，那可能太牵强了。"靠向反对的那一方。这样一来，你可以不必直接向老板说"不"，就能表明自己的态度。这种方法会给人"你们是经过激烈讨论后，绞尽脑汁才下结论"的印象，而包含老板在内的所有人，都不会有哪一方受到伤害的感觉，从而让老板很自然地放弃对你的命令。

总之，在老板或其他人向你提出不合理的要求时，你要学会拒绝，该说"不"时就说"不"；但是要尽量减少拒绝产生的负面效应，更要秉持理直气壮的"和"的原则，做到不伤人自尊，又能委婉而温和地拒绝。只要你是真心地说"不"，老板一定会体谅你的苦衷。

09　年终谈话时，如何让老板刮目相看

又到年底，总结是要写的，谈话是逃不掉的。这可不是与同事间的闲聊，而是老板亲自出马的"大"谈。怎么样，有些头皮发麻、手脚冰凉的感觉了吧？与老板谈话是艺术，如有不慎，就会得罪了老板，害苦了自己，巧舌如簧之人毕竟是少数。平日里，很多人哪怕是在电梯里与老板偶遇，都会变得口吃。其实，大可不必。采用以下几招，能让你轻松完成年终与老板的谈话任务。

（1）秘密预约谈话时间

在与老板谈话前，你不妨先发封邮件预约时间，其中要明确写道："希望能有时间与您单独交流。"说起来，边吃边谈是个很好的方式。这既不会受到其他同事的干扰，又能和老板做最直接、最轻松的沟通。

此外，如果你的老板是较内向的人，他可能更喜欢通过邮件的方式与员工沟通。那么，你可以变面谈为邮件谈。当然，就算是发

送邮件，也要多花些心思。比如，如果你想给看惯了普通黑白邮件的老板来点惊喜，那就制作一些新意盎然的彩色动画邮件。不过，切忌在上班时间做这种私人联络，以免招致老板的误会。而且当你要与老板谈论一个很重要的话题时，最佳的选择还是面谈。

（2）注意自己的肢体语言

尤其是女性下属见男性老板时，在举止、笑容、眼神等方面不要给对方造成什么暧昧的暗示，如发嗲、洒过浓的香水等。男性下属见女性老板时，则不能流露轻视的态度，肢体语言也不能轻佻放肆。

（3）只说该说的话

只知对老板阿谀奉承，谈话就没必要进行下去了。因为是私下谈话，一些个人看法，不论成熟与否，都可以提出来。但要注意，你是提出疑问让老板解答，而非和老板争论。

以工作为主。你和老板之间的共同语言是工作。老板看中的是你的工作能力，关心的是你的工作进展，因此，和老板谈话时，要以工作为主。

不该问的不问。和老板谈话时，当然应尽量获得更多信息，但要注意分寸。公司公开宣布的事可以问，道听途说的事不能问。有关公司的事，老板没有主动提起，也不能问。

充分介绍自己。和老板谈话是让老板对自己加深印象的大好时机，要多谈自己的特长、对工作和公司的看法、对前途的打算、努力的方向等。如果能结合整个行业形势，对公司提出一些有价值的建议，肯定会令老板对你刮目相看。

（4）察言观色

这不是讨好、谄媚，而是聪明下属应具备的素质。如果老板眉头微皱、面色不悦，那你就要想想自己的言辞是否过于激烈；如果老板抬手看表，那你不妨征询一下是否需要改约时间；如果中途老板接听电话，那你应从老板的声调、语气上判断是否需要回避；如果和老板持不同意见，那你不要急着争辩，应整理好思路再说；如果遇到老板情绪激动，那你不要硬顶，应等到对方情绪稍平和时再表明意见。此外，不要擅自打断老板的话。

（5）距离生美

每个人都希望留有自己独立的活动范围，一旦个人空间有他人介入，就会觉得很不自在。老板也不例外。办公室里那些占地面积巨大、看上去很气派的办公桌，正是他们将自己与外人隔离的道具。当你和老板谈话时，一定要在心中反复吟诵"三不原则"，即不要在老板的办公室里停留太久，不要靠老板太近，不要碰老板办公桌上的东西。

10　冒犯老板后，如何弥补挽救

和老板相处时，难免会遇到一些常见或者意外的场景，比如你无意中得罪了老板，想要弥补或在老板面前说错话很尴尬等等。了解一些常见情况的应对策略，你才能在遇到这些情况时，不至于难堪，束手无策。不管谁是谁非，"得罪"老板无论从哪个角度来说都不是件好事。只要你没想调离或辞职，就不可陷入僵局，以下几种对策可为你留有回旋的余地：

（1）不要寄希望于老板的理解

无论何种原因"得罪"老板，我们往往会想向同事诉说苦衷。如果失误在于上司，同事对此不好表态，也不愿介入你与上司的争执，又怎能安慰你呢？假如是你自己造成的，他们也不忍心再说你的不是，往你的伤口上撒盐，而居心不良的人会添枝加叶后反馈到老板那儿，加深你与老板之间的裂痕。所以最好的办法是自己清醒地厘清问题的症结，找出合适的解决方式，使自己与老板的关系重新有一个良好的开始。

(2) 找个合适的机会沟通

消除你与老板之间的隔阂是很有必要的，最好自己主动伸出"橄榄枝"。如果是你错了，你就要有认错的勇气，找出造成自己与上司分歧的症结所在，向上司做解释，表明自己以后会以此为鉴，希望继续得到老板的关心。假若是老板的原因，在较为适当的时候，以婉转的方式，把自己的想法与对方沟通一下，你也可以表明因自己的一时冲动或是方式欠妥等原因，无伤大雅地请求老板谅解，这样既可达到相互沟通的目的，又可以为其提供一个体面的台阶下，有益于恢复你与老板之间的良好关系。

(3) 利用一些轻松的场合表示对老板的尊重

即使是开明的老板也很注重自己的权威，希望得到下属的尊重。所以当你与老板发生冲突后，最好让不愉快成为过去。你不妨在一些轻松的场合，比如会餐、联谊活动等，向老板问个好、敬个酒，表示你对对方的尊重。这样做了以后，老板自会记在心里，排除或是淡化对你的敌意，同时也向别人展示了你的修养与风度。

11　工作失误时，如何得体认错

　　工作中出现失误，知道自己势必遭受责备时，自己主动认错，先责备自己，这样岂不比受别人责备好得多？听自己的自我批评，不比忍受别人的斥责更容易些？而且，在别人批评你之前，你先自我检讨、自我批评，对方多半会采取宽容、原谅的态度。人性就是如此。当你开始承认错误时，会给对方一种自责感，也能让对方变得特有人情味，因为此时，他唯一能彰显自重的办法就是采取宽容的态度，以显示自己的慈悲与宽宏大量。但可惜的是，能这么做的人并不多。

　　大部分人出于虚荣心，会尽力为自己的错误进行辩护："什么？我错了？不可能！……"即使他知道自己真的错了，他也会说："是这样的吗？但是……于是……无论如何……"一场争论不可避免地上演了。这么做真是愚不可及！聪明的人会如何做呢？他会歉意地说对方是绝对正确的，然后，迅速、坦白、真诚地承认自己的错误，于是双方会避免冲突，相安无事，有话好好说，自己也给人一种尊贵高尚的感觉。主动认错，不失风范。

有一位商业美术家，曾用主动认错的方法，得到了一位喜欢责骂人的美术编辑室主任的好感。

商业美术家说："我认识一位美术编辑室主任，他非常喜欢在小事上找麻烦。我常厌烦地离开他的办公室，并非因为他的批评，而是因为他的攻击。有一次，我交一件急活给这位主任，他打电话叫我马上到他的办公室去。我一到就看见他用仇视的眼光瞪着我，我明白他在极力找机会批评我。他急躁地质问我为什么如此如此做。我当时很平静地对他说，先生，如果你说的是真的，那么我承认自己做错了。对于过失，我决不推辞。我画图多年，应该知道如何做得更好些。对此事，我深感抱歉和惭愧。

"这位主任听我如此说，反而立刻开始为我辩护了，'是的，你做得的确不好，但终究这不是一个严重的错误，那不过是……'我阻止他说下去，接着自己的思路说，'无论什么错，都是浪费钱，并且都使人讨厌。我应当更小心，你给了我高薪，理应得到最好的工作结果，所以我要将这画重画一次。'

"没想到他却称赞了我所做出的努力，并诚实地对我说，只要做一个小的改动就可以了，我的这个小错对他的公司没造成什么损失。而且，毕竟那不过是一个细微的地方罢了。"

艾伯·赫巴是一位颇有争议，且具有怪异作风的作家。他那尖酸的笔触经常惹起读者强烈的不满；但是赫巴那少见的做人处世技巧，却常常将他的敌人变为朋友。例如，当一些愤怒的读者写信给他，表示对他的某些文章非常不满，结尾又痛骂他一顿时，赫巴就这样回复道："仔细回想起来，我也不是十分满意自己。对于昨天所写的东西，今天也许已经有了变化，我确实有偏激之处。很高兴知道您对这件事的看法。下回你在附近时，欢迎光临寒舍，很愿意与您交换看法，谢谢您的诚意。"

所以，如果你是对的，你要温和地、巧妙地去得到人们对你的同意和支持；当你犯错的时候——如果你对自己诚实——你要当即真诚地承认自己的错误。这种方法不仅能产生很好的效果，而且在很多情形之下，比为自己辩护更有效。

不要忘了那句古训："用争夺的方法，你总难得到满足，但用让步的方法，你可得到比你期望的更多。"

下次你工作出现失误或办错事时，记着及时而真诚地承认错误，别企图为自己的错误遮掩。

12　拒绝同事要求时，如何不伤害关系

也许你遭遇过这样的场景：周末，下班的时间到了，一个同事提议去喝一杯，办公室里立刻有人附和。你因为酒精过敏本来打算拒绝的，但是面对热情的同事却无论如何都难以开口。他说："就一杯，不要紧的。"于是你也不知道自己是怎么和他们走进了酒吧。当第一杯啤酒喝完的时候，你站起来准备告别离开。没想到同事一瞪眼，说："给个面子，我请你，行吧？"你并不是贪杯的人，也没有让同事请客的意思，在你犹豫不决的时候，又一杯酒下肚了。就这样你和同事们喝酒直到夜深。第二天，你醒来的时候感到头痛欲裂，也许衣服上、床单上、地板上也是污迹斑斑，房间里弥漫着令人作呕的气味。你突然想起还有重要的约会要赴，抬手看看表，发现已经迟到了一个小时。更糟糕的是再过一个小时也不一定能赶到。就这样你在沮丧的情绪中浑浑噩噩地浪费了一整天的时间。晚上你躺在床上追悔莫及，发誓再也不去跟同事喝酒了，但是不久之后前面的那一幕再次上演了。

小王在一家大商场工作,主要负责电冰箱的销售兼任仓库的保管员。周日,正在休假的同事小赵来到商场,要买冰箱。他看遍了所有陈列着的样品也没有找到一台满意的。于是他说:"小王,我听说仓库里还有几台新式的冰箱,你带我去看看吧。""经理不是说了吗,平时除了两个保管员谁都不能进仓库。就是我们,也要经理批了条子才能进去。那天开会你不是也在吗?"这时小赵也不好再说什么,只得略有不满地离开。

为什么你感到难以拒绝呢?因为你害怕拒绝会损害和同事之间的关系。其实拒绝并不是一件了不起的事,也不意味着拒绝了一件事就会拒绝所有的事。在上述的场合下,你完全可以直接告诉同事:"对不起,我实在是不能喝酒。我很容易就会醉的。"或者编造出一种不适合饮酒的疾病。如果你的同事是通情达理的人,他们会理解的。如果你觉得这样不够委婉,那么不妨提议大家一起做些别的事情,比如说去打保龄球,去 KTV 唱歌。

在第二个故事里,小赵作为商场的员工当然知道仓库是不可以随便进的,小王正是抓住了这一点,而且还搬出了经理做挡箭牌。言外之意就是"不是我不让你进,是经理不让"。并且强调经理是在开会这样的公开场合说出的话,应该是大家都知道的。这样的说辞也起到了一个缓冲矛盾的作用,小赵虽然不愿意但是知道这是经理的规定也无话可说。

在这里我们看到,找个借口去拒绝他人比直白地说"不",效果要好得多。

13　回应陷阱问题时，如何巧妙避开

罗斯福任美国总统之前在海军部任职。一次，他的一位好友向他打听海军建立在加勒比海一个小岛上的潜艇基地的情况，罗斯福十分谨慎地察看了四周，压低声音说："你能保证不说出去吗？"

"当然能！"朋友毫不犹豫地回答。"那么，"罗斯福面带微笑看着他说，"我也能。"罗斯福当然不能把军事机密外泄，但是面对好朋友却又不便直接拒绝。于是他选了这样一种巧妙的说法使朋友缄口。当朋友听到罗斯福这样说的时候一定会立刻察觉到他的为难之处，当即就"免开尊口"了。

新中国成立之初，十分受西方国家敌视。在一次记者会上，一个西方记者对周恩来总理发难了："请问总理阁下，目前的中国有没有妓女？"此话一出，全场顿时一片哗然。有的人窃笑等着看笑话，也有人立刻绷紧了神经，额上冒出冷汗。但是大家都想知道周总理会怎样回答这样一个刁钻的问题，所以会场很快就安

静了下来。出乎全场人意料的是，周总理简洁明了地回答了一个字："有。"会场又有些混乱了。没想到周总理话锋一转，说道："不过是在中国的台湾省。"与会人员无不为周总理的迅捷反应而折服，顿时掌声雷动。那位企图在各国记者面前让新中国领导人出洋相的西方记者瞠目结舌，脸色尴尬。

其实这位记者的用心十分险恶，如果周总理简单地回答"没有"，就等于否认了中国对台湾的主权；如果仅仅说"有"而不做出任何解释说明，也会让记者觉得我国的现实状况不符合一贯对外宣传的社会主义国家。令大家意想不到的是周总理这样一个轻轻巧巧的转折就化解了这个尖锐问题的攻势，维护了新中国的尊严。

职场当中总有些问题你回答也不是，不回答也不是；肯定也不行，否定也不行，发问者几句话就让你僵在那儿了。难题归难题，你总是要回答的，如果生硬地拒绝不回答，或者回答得不妥当，恐怕你就会遇到更大的难题了。

14　意见产生分歧时，如何避免争论

没有两个人的思维习惯是完全一样的，在工作中和同事产生意见分歧也是很正常的。有些人可能会忍住不和老板争吵，因为老板决定着他的"生死"，但是他会毫不吝惜自己的力气和同事大吵特吵。问题得不到解决，自己也疲惫不堪，最后还要说一句："我再也不想和他说话了。"不但如此，你们的争吵还严重影响了整个办公室的气氛，降低了其他人工作的效率，引起大家的不满。如果你把和同事争吵变成自己的习惯的话，那么你就准备离开这个办公室吧，或者调到其他部门，或者被公司扫地出门。

一天下班后，A君对另一个部门的B君说："C真是混账，按照我的方法，问题很容易就会解决的，真不明白他为什么一定要和我争个不停。"

"那你为什么不用事实证明呢？""他那个人懂什么，如果他懂，我就不用费这么大劲跟他吵了。""你连试都不试就这样

下结论恐怕不太好吧!""如果是你,你也会吵的。"看到 A 君这样冥顽不灵,B 君也不好再多说了。一个月后,A 君被老板以缺乏团队精神,不能和同事协调工作为由辞退了。

中国有"狭路相逢勇者胜"的说法,但是同事不是你的敌人,"狭路"则完全是自己造出来的。其实无论你与对方谁对谁错,争吵都是没有必要的,争吵本身并不能解决问题。实际上,争吵的结果是双方都更加相信自己的观点是正确的。即使你在争吵中占了上风,但你伤了他的自尊心,他会更加恼火,更不会放弃自己的初衷。因此,在争吵中你的意见可能是正确的,但对改变一个人的看法却是徒劳的。万一你错了,那将更难收场。

不能说凡是发怒的人看法都是错误的,而是说他根本不懂如何表述自己的见解。讨论问题的原则是:要用无可辩驳的事实及从容镇定的声音,努力不让对方厌烦,不迫使对方沉默而达到说服对方的目的。一旦你开始争吵了,就说明你已经失去了对情绪的掌控能力。而你又怎么能让人相信一个不能控制自己情绪的人口中的话呢?优秀的职场人从来不怒气冲冲。而当争吵从问题本身发展到人身攻击、互相咒骂的时候,语言甚至不能算是文明的象征了。

在争论中取胜的唯一办法就是避免争论。当你在工作中发现和同事有了分歧的时候,你不妨平心静气地听他把话说完,而不是听到和自己不同的观点就立刻打断他。你可以对他说:"也许你说得对，让我再想想。"或者"你的话很有到道理，不过我的想法是这样的……"

实际上，在争吵中是没有胜者的。即使你在争吵中占了上风，说到底你还是失败者。即使你是胜利者，那又怎样呢？你将洋洋得意，而你的对手又怎样？你使他觉得低你一头，你伤了他的自尊心，他当然恼火。而被迫放弃自己观点的人从来就不改初衷的。争吵的结果是，双方都更加相信自己是正确的。

15　恭维别人时，如何让他心花怒放

《红楼梦》中有这么一段：史湘云、薛宝钗劝贾宝玉做官为宦，贾宝玉大为反感，对着史湘云和袭人赞美林黛玉说："林姑娘从来没有说过这些混账话！要是她说这些混账话，我早和她生分了。"凑巧这时黛玉正来到窗外，无意中听见贾宝玉说自己的好话，"不觉又惊又喜，又悲又叹。"结果宝黛两人互诉肺腑，感情大增。

因为在林黛玉看来，宝玉在湘云、宝钗、自己三人中只赞美自己，而且不知道自己会听到，这种好话就不但是难得的，还是无意的。倘若宝玉当着黛玉的面说这番话，好猜疑、小性子的林黛玉怕还会说宝玉打趣她或想讨好她呢！

有一个员工，在与同事们午休闲谈时，顺便说了上司的几句好话："徐洋这人很不错，办事公正，对我的帮助尤其大，能为这样的人做事，真是一种幸运。"没想到这几句话很快就传到徐洋的耳朵里去了，这免不了让徐洋的心里有些欣慰和感激。而同时，这个

员工的形象也提升了。而那些"传播者"在传达时，也顺带对这个员工夸赞了一番："这个人心胸开阔，人格高尚，真不错！"

普鲁士的铁血宰相俾斯麦，为了拉拢一个敌视他的议员，便有计划地在别人面前赞美这位议员，他知道那些人听了之后，肯定会把他的话传给那个议员。后来，俩人成了无话不说的政治盟友。

喜欢听好话似乎是人的一种天性。当来自社会、他人的赞美使其自豪心、荣誉感得到满足时，人们便会情不自禁地感到愉悦和鼓舞，并会对说话者产生亲切感，这时彼此之间的心理距离就会因赞美而缩短、靠近，自然就为交际的成功创造了必要的条件。

在背后说一个人的好话比当面恭维的效果要好得多，你不用担心，你在背后说他的好话，很容易就会传到他的耳朵里。

你当面说，人家会以为你不过是奉承他，讨好他。当你的好话在背后说时，人家认为你是真诚的，是真心说他的好话，人家才会领你的情，并感谢你。假如你当着上司和同事的面说上司的好话，你的同事们会说你是讨好上司，拍上司的马屁，而容易招致周围同事的轻蔑。另外，这种正面的歌功颂德，所产生的效果反而很小，甚至有反效果的危险。你的上司脸上可能也挂不住，会说你不真诚。与其如此，倒不如在公司其他部门，上司不在场时，大力地赞美一番。这些好话终有一天会传到上司的耳中的。

在背后说别人的好话，能极大地表现你的"胸怀"和"诚实"，有事半功倍的效用。比如，你夸上司，说他公平，对你的帮助很大，而且从来不抢功。以后，你的上司在"抢功"时，可能会有那么一点顾忌，也会手下留情。

在背后说别人的好话，会被人认为是发自内心，不带私人的动机。其好处除了能给更多的人以榜样的激励作用外，还能使被说者在听到别人"传播"过来的好话后，更感到这种赞扬的真实和诚意，从而在荣誉感得到满足的同时，增加了对说好话者的信任感。

16　需要打圆场时，如何安抚对方情绪

"打圆场"有别于"和稀泥"，它是从善意的角度出发，以特定的话语去缓和紧张气氛、调节人际关系的一种语言行为，在日常工作中有着积极的意义。"打圆场"有技巧，如何才能使之收到最佳的效果呢？这里，不妨先听一个小故事。

有个理发师傅带了个徒弟。徒弟学艺3个月后，这天正式上岗。他给第一位顾客理完发，顾客照照镜子说："头发留得太长。"徒弟不语。师傅在一旁笑着解释："头发长使您显得含蓄，这叫藏而不露，很符合您的身份。"顾客听罢，高兴而去。

徒弟给第二位顾客理完发，顾客照照镜子说："头发留得太短。"徒弟不语。师傅笑着解释："头发短使您显得精神，让人感到亲切。"顾客听了，欣喜而去。

徒弟给第三位顾客理完发，顾客边交钱边嘟囔："剪个头花这么长的时间。"徒弟不语。师傅马上笑着解释："为'首脑'多花

点时间很有必要。您没听说"进门苍头秀士，出门白面书生"嘛！"顾客听罢，大笑而去。

徒弟给第四位顾客理完发，顾客边付款边埋怨："用的时间太短了，20分钟就完事了。"徒弟心中慌张，不知所措。师傅马上笑着抢答："时间就是金钱，'顶上功夫'速战速决，为您赢得了时间。"顾客听了，欢笑告辞。

故事中的这位师傅，真是能说会道。他机智灵活，巧妙地"打圆场"，每次得体的解说，都使徒弟摆脱了尴尬，让对方转怨为喜，高兴而去。他成功地打圆场的经验，给了我们在职场中游刃有余地处事诸多启示，下面是打圆场时需要注意的几个方面。

（1）打圆场要善用吉言

以动听的话语来打动顾客，求得顾客的欢喜，是师傅成功解围的首要诀窍。"吉言顺耳"，爱听吉言几乎是人们共有的一种心理。师傅巧妙地利用人们的这种心理，在顾客抱怨时，有针对性地择用其易于接受的话语来博得对方的欢喜。这样，顾客的抱怨消失了，先前不快的心理得到"吉言"的慰抚，"欣喜而去"也就是很自然的了。

（2）打圆场应扬长避短

生活中的任何事情都包含着两重性，其中的对与错、利与弊是相对的。辩证地看待问题，得体地扬长避短，是打圆场的又一技巧。师傅针对各种不同的情况，采取扬长避短策略，用巧妙的语言去作解释，通过扬长，引领对方换个视角，对先前不满意的事来一番变位思考，让对方从一个新的角度去体会佳妙之处，从而高高兴兴地接受自己的观点。

（3）打圆场用语需幽默

幽默是化解尴尬的良方，幽默的话语常能令人转怨为喜，开怀大笑，并且能使人在笑声中有所悟，有所得。如故事中这位师傅使用的"首脑"一词就颇为幽默。将头说成"首脑"，寓谐于庄，调侃中不失文雅，庄重中又含风趣，从某种意义上讲，还在一定程度上提升了顾客的身份。顾客能不开心地大笑吗？再看那"进门苍头秀士，出门白面书生"之语，更是幽默诙谐、妙语解颐。至于"时间就是金钱，'顶上功夫'速战速决，为您赢得了时间"的解释，幽默的话语中又包含了为对方着想的心意，这就大大地增加了说服力，更易为对方所接受。

打圆场不是不着边际的奉承，也不是油腔滑调的诡辩，它是一种说话的艺术。认真学习并掌握这种艺术，注意在特定的场合中察言观色，适时得体地打圆场，能有效地摆脱尴尬和烦恼。

17　突显高情商的十大职场说话技巧

身为职场中人,应该认识到谈话艺术和技巧的重要性。熟练的技能和辛勤的工作固然很重要,但懂得在关键时刻说适当的话,也是成功与否的重要因素。俗话说,"一句话说得让人跳,一句话说得让人笑",同样的目的,但表达方式不同,造成的后果大不一样。卓越的说话技巧会给你带来很多好处,譬如给重要人物留下好印象、避免麻烦事落到自己身上、有效处理棘手的事务等等。它不仅能让你的工作生涯倍感轻松,也可能让你名利双收。

那么,在办公室说话要注意哪些事项呢?

(1) 不要人云亦云,要学会发出自己的声音

老板赏识那些有头脑和主见的职员。如果你经常只是别人说什么你也说什么的话,那么你在办公室里就很容易被忽视了,你在办公室里的地位也不会很高。不管你在公司的职位如何,你都应该发出自己的声音,应该敢于说出自己的想法。

（2）有话好好说，切忌把与人交谈当成辩论比赛

在办公室里与人相处要友善，说话态度要和气，即使是有了一定的级别，也不能用命令的口吻与别人说话。虽然有时候，大家的意见不能够统一，但是有意见可以保留，对于那些原则性并不很强的问题，没有必要争得面红耳赤。如果一味好辩逞强，会让同事们敬而远之。

（3）不要在办公室里当众炫耀自己

如果自己的专业技术很过硬，老板非常赏识你，这些就能够成为你炫耀的资本了吗？再有能耐，在职场生涯中也应该小心谨慎，强中自有强中手，倘若哪天来了个更加能干的员工，那你一定马上成为别人的笑料。倘若哪天老板额外给了你一笔奖金，你就更不能在办公室里炫耀了，否则，别人在恭喜你的同时，也在嫉妒你呢！

（4）办公室是工作的地方，不是互诉心事的场所

我们身边总有这样一些人，他们喜欢向别人倾吐苦水。虽然这样的交谈能够很快拉近人与人之间的距离，使你们之间很快变得友善、亲切起来，但心理学家调查研究后发现，事实上只有1%的人能够严守秘密。所以，当你的生活出现个人危机，如失恋、婚变之类，最好不要在办公室里随便找人倾诉；当你的工作出现危机，如工作上不顺利，对老板、同事有意见有看法，你更不应该在办公室里向人袒露，任何一个成熟的白领都不会这样"直率"

的。说话要分场合、要有分寸，最关键的是要得体。不卑不亢的说话态度，优雅的肢体语言，活泼俏皮的幽默，这些都属于语言的艺术。当然，拥有一份自信更为重要，懂得语言的艺术，恰恰能够帮助你更加自信。娴熟地驾驭语言艺术，你的职场生涯会更顺利！

另外，同时牢记以下句型，在适当时刻它们会派上用场。

（1）以最委婉的方式传递坏消息句型：我们似乎碰到一些状况……

如果你刚刚得知一件非常重要的工作出了问题，就立刻冲到上司的办公室里报告这个坏消息，就算此事与你无关，也只会让上司质疑你处理危机的能力，弄不好还会惹来一顿斥责或上司把气出在你头上。此时，你应该以不带情绪起伏的声调，从容不迫地说出本句型，千万别慌慌张张，也别使用"问题"或"麻烦"这一类的字眼，要让上司觉得事情并非无法解决，而"我们"这个称谓听起来像是你将与上司站在同一阵线，并肩作战。

（2）上司传唤时责无旁贷句型：我马上处理

冷静、迅速地做出这样的回答，会令上司直觉地认为你是位有效率、听话的好部属。相反，犹豫不决的态度只会惹得责任繁重的上司不快。夜里睡不好的时候，还可能迁怒到你头上呢！

（3）表现出团队精神句型：某某的主意真不错！

某某想出了一条连上司都赞赏的绝妙好计，你恨不得你的脑筋动得比人家快。与其拉长脸孔、暗自不爽，不如偷沾他的光。方法如下：趁着上司听得到的时刻说出本句型。在这个人人都想争着出头的社会里，一个不妒忌同事的部属，会让上司觉得此人本性善良、富有团队精神，因而对你另眼看待。

（4）说服同事帮忙句型：这个工作没有你不行啊！

有件棘手的工作，你无法独力完成，非得找个人帮忙不可；于是你找到那个在这方面做得最好的同事。怎么开口才能让人家心甘情愿地助你一臂之力呢？可以说："这个工作没有你不行啊！"，并保证日后必定回报。而那位好心人为了不负自己在这方面的名声，通常会答应你的请求。不过，将来有功劳的时候一定记得感恩。

（5）巧妙闪避你不知道的事句型：让我再认真地想一想，三点以前给您答复好吗？

上司问了你某个与业务有关的问题，而你不知该如何作答，千万不可以说"不知道"。本句型不仅暂时为你解危，也让上司认为你在这件事情上很用心，只是一时之间不知该如何答复。不过，事后可得做足功课，按时给出你的答复。

（6）智退性骚扰句型：这种话好像不大适合在办公室讲啊！

如果有男同事的黄腔令你无法忍受，这句话保证让他们闭嘴。男人有时候确实喜欢开黄腔，但你很难判断他们是无心还是有意，这句话可以令无心的人明白，适可而止。如果他还没有闭嘴的意思,即构成了性骚扰,你可以向有关人士举报。

(7) 不着痕迹地减轻工作量句型:我了解这件事很重要,我们能不能先查一查手头上的工作,把最重要的排出个优先顺序?

强调你明白这件任务的重要性,然后请求上司的指示,为新任务与原有工作排出优先顺序,不着痕迹地让上司知道你的工作量其实很重,若非你不可的话,有些事就得延后处理或转交他人。

(8) 恰如其分的讨好句型:我很想了解一下您对某件工作的看法……

许多时候,你与高层要人共处一室,而你不得不说点话以避免冷清尴尬的局面。不过,这也是一个让你能够赢得高层青睐的绝佳时机。但说些什么好呢?每天的例行公事,绝不适合在这个时候被搬出来讲;谈天气嘛,又根本不会让高层对你留下印象。此时,最恰当的莫过一个跟公司前景有关,而又发人深省的话题。问一个大老板关心又熟知的问题,在他滔滔不绝地分享心得的时候,你不仅获益良多,也会让他对你的求知上进之心刮目相看。

(9) 承认疏失但不引起上司不满句型:是我一时失察,不过幸好……

犯错在所难免,但是你陈述过失的方式,却能影响上司对你的看法。勇于承认自己的疏失非常重要,因为推卸责任只会让你看起来就像个讨人厌、软弱无能、不堪重用的人。不过这不表示你就得因此对每个人道歉,诀窍在于别让所有的矛头都指到自己身上,坦诚却淡化你的过失,转移众人的焦点。

(10)面对批评表现冷静句型:谢谢你告诉我,我会仔细考虑你的建议

自己苦心经营的成果遭人修正或批评时,的确是一件令人苦恼的事。但是不需要将不满的情绪写在脸上,应该让批评你的人知道,你已接收到他传递的信息。不卑不亢的表现令你看起来更有自信、更值得人敬重,让人知道你并非一个刚愎自用或是经不起挫折的人。

在日常工作之中,有很多时候往往因为一句话,使得你和他人的距离可远可近,和他人的关系可有可无。如果你常常因为说错话得罪人,或者是不知道自己该说些什么、该怎么说,那么你在沟通能力上就必须有所加强才行。无论何时,良好的沟通都是人际关系的第一步,有了良好的沟通才有机会和他人建立起互动的关系。作为职场中人,不可不慎重待之。

第二部分

营销制胜篇

01　初次见面时，如何让客户产生好感

销售商品前先销售自己。自信是任何销售人员的必备素质，要有勇气展现自己的沟通能力和销售信心。在初次接近客户时，往往无法迅速打开客户的心理防线。与其直奔主题直接说明商品，不如谈些有关客户小孩、球赛、天气等话题，或谈些街坊邻居的事情，有时先让客户喜欢自己比喜欢产品更重要，甚至关系着产品销售的成败。因此，接近客户并成功说服他的重点是，让客户对销售人员产生好感。

一个收银机销售人员在观察一个超市后，发现其有购买收银机的需求，同时也发现超市负责人刘老板是个足球爱好者，于是他去超市买东西借机和老板闲聊足球赛事，闲话当中给老板一些经营建议，先让老板对自己有好感，消除了距离感。然后，他根据自己的调查，为老板分析问题，引发老板的需求。销售人员可以针对性地提出中肯建议，诸如："我发现超市每天有三个时段的顾客特别多，排着长长的队等待结账。若以营业时间来看，虽然

只有百分之二十的时间非常拥挤,但以顾客数量来看,却有百分之八十的人都要排很久的队等待结账,如果改善这种状况经营会更好。"之后他又选择老板和老板娘都在的时候走进超市,对他们的经营大加褒奖。

销售过程永远是抛物线。这一次他留下名片和产品资料后,买了些日用品就离开了。柔性服务态度比强行推销要有效果。第二天,老板娘果然给他打来了电话。

还有一个策略是换种方式,给对方出道选择题,引起他的注意,并让他觉得你足够重视他,然后再进行说服工作。

亚伯特·安塞尔是铅管和暖气材料的推销商,多年以来一直想跟布鲁克林的某一位铅管商做生意。那位铅管商业务极大,信誉也出奇地好。但是安塞尔一开始就吃足了苦头。因为那位铅管包商是一位喜欢让人感到窘迫的人。他坐在办公桌的后面,嘴里衔着雪茄,每次安塞尔打开他办公室的门时,他就咆哮着说:"今天什么也不要!不要浪费你我的时间!走开吧!"有一天,安塞尔先生尝试了另一种方式,因此和铅管商建立了生意上的关系,并成了朋友,得到了可观的订单。

那个时候,安塞尔的公司正在商谈,准备在长岛皇后新社区办一家新的公司。那位铅管商对那个地方很熟悉,并且做了很多生意,因此,安塞尔去拜访他时就说:"先生,我今天不是来推销什么东西的。我是来请你帮忙的。不知道你能不能拨出一点时间和我谈一谈?"

"嗯……好吧，"那位铅管商说，嘴巴把雪茄转了一个方向，"什么事？快点说。"

"我们的公司想在皇后新社区开一家分公司，"安塞尔先生说，"你对那个地方了解的程度和住在那里的人一样，因此我来请教你对那里的看法。是好还是不好呢？"

情况有些不同了！多年以来，那位铅管商向推销商吼叫、命令他们走开，今天这位推销员进来请教他意见，一家大公司的推销员对于他们接下来的发展计划尚无头绪，所以跑来请教他，使他觉得自己很重要。

"请坐请坐。"他说，同时拉了一把椅子。接着他用一个多小时详细地解释了皇后新社区铅管市场的特性和优点。他不但认同分公司的选址，而且分享了购买产业、储备材料和开展营业等全盘方案。他从讲述一个批发铅管公司如何去展开业务，再扩展到私人方面的事情，他变得非常友善，甚至连家务的困难和夫妇不和的情形也向安塞尔先生诉苦一番。

"那天晚上我离开时，"安塞尔先生说，"我不但口袋里装了一大笔初步的装备订单，而且也建立和奠定了坚固业务友谊的基础。这位过去常常吼骂我的家伙，现在常和我一块儿打高尔夫球。这个改变，都是因为我请教他帮个小忙，而使他有一种重要人物的感觉。"

销售过程中的说服技巧是灵活多变的，你可在实践中不断总结，寻找出一种最恰当的说服客户的方法。

02　电话行销时，如何提高成功率

销售人员会经常给预约客户打电话，所以要特别注重电话礼仪，那么打电话预约客户时需要注意什么，又怎样把话说到点子上呢？

（1）打预约电话要牢记三件事

第一件，不要在午休时间打电话给预期客户，那绝对不是所谓的勇气或杰出表现。你会总在说："对不起，打扰你了！"

第二件，必须设定成功的目标。你可以写下类似的目标：我明天早上九点开始要打十五个预约电话。成功的目标还有如：明天早上九点，我开始电话预约，持续到我得到三个会面机会来证明我的产品，使人们能够相信并购买它为止。

第三件，在你打电话之前，你必须有一个有效的打电话的方式，以及有潜力的客户名单和他们的电话号码。如果你在打完十个电话之后得不到任何正面回应，那么暂停下来，看看你的名单和方式，考虑做些改变。

(2) 电话行销要具备的信念

一般销售人员对电话行销的误解是：通电话是为了预判客户面对面会谈的效果。然而在顶尖的推销员眼中，电话线那头生疏的声音，是不能与有效的面对面的表现相比较的。

下面是一些非常有效的电话行销信念。拥有这些信念，你的电话行销的成功率就会大大提高。

第一，我一定要和跟我通电话、我确认要见面的人会面；第二，我所接听到的每一个电话都可能是一次宝贵的交易机会；第三，我所拨出的每一个电话，都可能为客户带去巨大的帮助，我从事的是一种崇高的帮助他人的行业，我的客户需要帮助，而我提供的咨询恰恰是我的客户所需要的；第四，我的每一个电话不是要获得交流，而是为了获得与客户见面的机会。

一有时间你就默念它们，牢记它们，重复的次数越多，这些信念越能深入到你的潜意识中去。

(3) 电话行销突破接待人员阻碍的八个说话策略

销售人员在电话行销中总是遭受对方接待人员阻拦，在这里我将提供一些诀窍，让你利用人性和心理学，增加成功的几率，获得见面的机会。你还可以选择具有个人风格的方法，或者根据对方的反应随机应变。

①克服你的内心障碍。不妨了解你为什么对于无法突破接待

人员的阻拦会觉得心里惶恐的原因。是否因为过去的经验造成的心理障碍？是否从小就被教导"跟陌生人通电话要客气"？是否觉得客户是你的衣食父母，你不敢轻易冒犯？你是否站在接电话者的角度思考，想象他将如何拒绝你？如果你这样想，就变成了两个人在拒绝你。

②注意你的语气。问候要说"早安，请问张先生在吗？"而不是"我是……"；要说出公司的名称，不要说"我是×××"。如果接电话的人说出自己的名字，你就要回应"嗨，李小姐，请问张先生在吗？"

③将接待人员变成你的朋友。你以平常的开场白说："早安！我是××单位的，想跟张先生谈谈，请问您尊姓大名？"接电话的人说："我是他的秘书，李小姐。"你可以轻松地回答："假如你是我，而你必须跟张先生谈谈，你要怎么办呢？"

④避免直接回答对方的盘问。接电话的人通常会盘问你三个问题：你是谁？来自哪家公司？有什么事情？如果你不直接回答这些问题，他们就不知道该怎么办。这时，你可以这样回答："我很想告诉你，但是这件事情很重要，我必须直接跟他说。"

⑤使出怪招，迂回前进。让接电话的人措手不及，不要让自己听起来就像推销员，要使出一些怪招让对方失去戒心。

⑥摆高姿态，巧过难关。"你不转这个电话，公司将会因此失去赚钱的机会，你愿意冒这个风险吗？""既然你不愿意接电话，

能不能告诉我你的名字？如果贵公司还有人打电话来询问，我就可以告诉他，我曾经跟谁谈过了。"

⑦别把你的名字和电话号码留给接电话的人。如果买方不在或是没空，再找机会试试。"如果你是我，你会再打电话来吗？""我想再打电话过来，什么时间比较恰当？"

⑧关于语音信箱。如果是语音信箱，通常不必留下任何讯息。不过要仔细听他的声音，想象以后如何沟通比较好。如果在语音信箱留话，务必令人印象深刻。你可以这么说："有三个理由你一定要打电话给我。""将这个留言消去，并不能消去你的问题。""将这个留言消去，你可能付出很高的代价，你愿意冒这个风险吗？"你还可以先留下你的名字和电话号码，然后在重要事项讲一半时切断电话，好像是电话线突然中断一样。

03　主动推销时，如何刺激客户的购买欲

有这样一句推销名言："如果你想勾起对方吃牛排的欲望，将牛排放到他的面前固然有效，但最令人无法抗拒的是煎牛排的'滋滋'声，这会使他想到牛排正在铁板上，滋滋作响，香味四溢，不由得咽下口水。"这里，"滋滋"的响声使人们产生了联想，刺激了需求欲望。

在销售的时候，我们也应该明白，仅仅用事实或逻辑是无法打动客户的。我们要为客户营造一种良好的氛围，以激发其购买欲。

那么，什么样的氛围才能更好地激发买主的购买欲呢？那就是明确地告诉他你的产品所能带来的利益。

比如，一位吸尘器推销员对顾客说："您想想，使用吸尘器，您可以从繁杂的家务劳动中解脱出来，这样您就可以有更多的时间和精力去关心孩子的学习和生活，辅导他的作业，带他出去散步，和家人一同享受生活的乐趣。"

你也可以这样说:"使用我们的这种设备,可以大大地提高生产效率、减轻劳动强度。它受到用户们的一致好评,订货量与日俱增。"

为激发买主的购买欲,你也可以向他略施小惠,满足他的自尊心和虚荣心等。下面小陈的推销就是因为满足了客户的自尊心而成功的。

电脑推销员小陈,一次向一家规模不小的公司推销电脑。竞争对手相当多,但是由于他跑得勤,功夫下得深,深得承办单位的支持,成交希望非常大。到最后,只剩下两家公司等着做最后的选择。承办人员将报告呈递总经理决定,总经理却批送该公司的技术顾问——电脑专家陈教授咨询意见。于是,承办人员陪同陈教授再次参观了两家公司代理的机器,仔细地听取了两家的示范解说,陈教授私下表示,两种机器各有优缺点,但在语气上似乎对竞争的那一家颇为欣赏。小陈一看着急了,"煮熟的鸭子居然又飞了!"于是,又找个机会去向陈教授推销。他使出浑身解数,辩解他所代理的产品如何优秀,设计上如何特殊,希望借此纠正陈教授的观念。最后,陈教授不耐烦地冒出了一句话:"究竟是你比我行,还是我比你懂?"此话一出,这笔生意看样子是要泡汤了。

小陈垂头丧气,一位推销专家建议:"为什么不干脆用以退为进的策略推销呢?"并向他说明了"向师傅推销"的技巧。

"向师傅推销",切记要绝对肯定他是你的师傅,抱着谦虚、尊敬、求教的心情去见他，一切的推销必须于无形之中伺机而动，不可勉强，不可露出痕迹，方有效果。

于是，小陈重整旗鼓，到陈教授执教的学校去拜访。见了面，他非常礼貌地说："陈教授，今天我来拜访您，绝不是来向您推销。过去我读过您的大作。上次跟老师谈过后，回家想想，觉得老师分析得很有道理。老师指出我们所代理的电脑在设计上确实有些方面比不上别家的产品。陈教授，您在××公司担任顾问，这笔生意，我们遵照老师的指示，不做了！不过，陈教授，我希望从这笔生意上学点经验。老师是电脑方面的专家，希望老师能教导我，我们代理的这种产品将来应该如何与同行竞争才能生存下去？希望能听听老师您的高见。"小陈说话时非常诚恳。

陈教授听后，心里又是同情又是舒畅，于是带着慈祥的口吻说道："年轻人，振作点。其实，你们的电脑也不错，有些设计就很有特点。唉，我看连你们自己都搞不清楚，譬如说……"于是，陈教授讲了一大通，"此外，服务也非常重要，尤其是软件方面的服务，今后你们应该在这方面特别加强。"陈教授谆谆教导，小陈洗耳倾听。

这次谈话没过多久，生意成交了。对这次推销，帮助最大的还是陈教授，他对总经理说，这两家公司的产品大同小异，但他相信小陈的公司能提供更好的服务。最后，总经理采纳了陈教授的意见，一笔快泡汤的生意又做成了。

04　客户沉默时，如何打开他的话匣子

如果顾客不爱说话，即使你不断发问，对方也总是保持沉默，怎么办？

首先，要了解顾客为什么不开口，才能对症下药。那么，顾客到底因为哪些原因不愿开口呢？

有的顾客进了药店，就一言不发地东张西望，如果有人主动向他询问，他也漠然地径直走开，那说明他一定被烦心的事所困扰，而且不愿意无关的人多加询问。很多年纪较轻的前列腺患者往往会有这样的表现。

有的顾客找到了前列腺药品柜台，却只是害羞地察看柜台上的药品，店员主动询问，他才肯说一句，甚至会脸红，极端的还会起身离开。这种顾客是那种典型的爱面子，而且讳疾忌医的顾客。尤其是对于前列腺疾病，很难跨越自身的心理障碍，即使是买药治病也会觉得不好意思。如果是女性来看妇科类药品，也会

产生类似的心理。

另外，有些顾客在自己察看了各类药品之后，还会在柜台前一言不发，反复比较，即使请店员介绍了之后也久久不表态，就算店员催促他也置若罔闻。这种顾客多属于比较相信自己判断力的严谨小心型，他们更愿意相信自己的判断，而不愿意接受店员过于急躁地推荐商品。

对于这三类顾客，明白了他们不愿多说话的原因，就比较容易应对了。

销售人员要控制好自己的心态，不能因为自己不停地问，顾客却没有反应而恼怒，应针对不同顾客的情况区别对待。

对于第一类顾客，可以直接点中他的烦心事，询问他的症状，如果吻合，他就会急切地打听有哪些药可以服用，你的推荐也就发挥作用了。

对于第二类顾客，你一定要顾足他的"面子"，努力做到善解人意，多用指代："这种病……""这个药品……"，少用直接陈述："前列腺疾病……""前列康……"。

对于第三类顾客，你最好给他足够的思考时间，不要在对方认真比较商品差异的时候打断，否则这类顾客会出于反感而对你的建议置之不理。相反，如果他主动询问你，那你的意见就会很快被对方接纳的。

05　接听电话时，如何传递必要信息

接听客户打进来的电话时，要把话说到点子上，需要注意以下几点：

（1）掌握好接电话的时机

最完美的时间、最专业的时间接电话是在电话铃响的第三声接起来。如果你在电话铃声的第一声响的间隙接起来，一些客户会认为你太急迫了；如果你在电话铃响了六到十次，客户会认为你不在意这桩生意。

（2）让声音给客户创造想象

顶尖的销售人员接电话都能带有略显兴奋的声音。这样的声音会让人感受到快乐的讯息和内心的热诚。如果在向客户做推销的过程中你的声音听起来像病人的声音，客户保证不会想和你见面。这也是为什么你要在第三声电话响接起电话的理由之一，因为在第一响时，打断了你正在做的事情，这时你要把心绪理清，

让意识提高起来。不管你什么时候听到电话铃声，暂停你手上的事情，立刻在内心设计好与对方进行电话交流的步骤。

（3）承认他人的兴趣

让给你来电的人告诉你他为什么打来电话。他或她可能会拒绝你的推销或者问你一些关于特殊项目的事情。你可以这样回答："是的，先生（女士），我们已经接到好多电话询问我们的新产品，我们真的很高兴。"然后进入下一环节。

（4）巧妙得到客户姓名

一个顶尖的推销员为了建立良好广泛的客户群，他会尽全力得到来电人的名字。其中一个理由是因为这样非常有助于与来电人建立联系。

得到客户名字的方法很简单，但正确的话语十分重要。当你回到线上，说："谢谢你的等候。"通常先用礼貌用语来赞扬他们的耐心。然后说："我是……"把你的名字报上去。停下来一会儿，来电话的客户可能会立刻报上他的大名。但是不要尝试用等待逼他说——只是给他一个机会说出他的名字，如果他那时觉得自然，便会说出来，如果没有，那就回到原本的温柔和信心的语调说："请问我可以知道您是哪一位吗？"你总是可以知道他们的名字，如果他真的对你和你的公司有兴趣而来电咨询的话。

（5）留有余地

会面机会可能需要你去客户家里，可能意味着他们到你的展示陈列区去看公司的产品，也可能是去客户的办公室。不管怎样，你都必须赴约。当客户打电话来问："你们的复印机可以打折吗？"一个顶尖的推销员不会回答可以或者不可以，而是会巧妙地说："那一款复印机正是您需要的吗？""是的，正是那种。""好，我今天或明天可以跟您多聊一聊，您要来我们的展示间，还是我到您那里去？"如此，就能进一步接触客户，增加推销成功的可能性。

（6）当约定会面时间时，要反复告诉客户所有的细节

当你约定与客户见面时，什么事情都可能发生，他们不是完全忘了，就是不确定会面地点。他们可能忘记会面时间，也可能不记得你的名字。这就是为什么要在约定时反复确认的原因。注意请他们适当记下细节，如："您有没有带笔？我想请您记下一些细节。"适当的细节包括销售人员的姓名、公司的地址、会面时间及来电者需要的联络信息。

06　应对愤怒客户时，如何有效化解其怒气

当你要说服一个愤怒的买主时，对方的无理反应常常会打乱你所有的计划，最终导致你无法掌握说服的过程与结果。因此，要想说服一个人，只有在他平静的时候才可以圆满完成任务。而要想让他平静下来，你首先要做的，就是千万不要让状况恶化。因为，怒目相对，只能产生对双方都不利的后果。在这种情况下，你必须做出一定的让步，以避免剑拔弩张地和对方起正面冲突。

相反，说服过程中，一点点的宽容、忍耐，可以让一些棘手的问题迎刃而解。

美国历史上有一位总统进行组阁的时候，任命某人做联邦税务局长。当时有很多政客反对此人，他们搞了一些动作，打算把此人赶下台。

他们推举的代表是一位议员，这位议员脾气暴躁，说话粗俗。当他进入白宫总统办公室讲到这项任命的时候，议员把总统大骂一顿。

总统一声不吭地听着，直到议员发泄完，他才说："你讲完了？怒火该平息了吧？照例你是没有权利这样做的，但是既然如此，我也愿意详细解释……"

就是这几句话，让那位议员感到非常羞愧。总统不等对方道歉，又说："其实，你有疑问也是情有可原的。任何不明真相的人，都会发怒。"接着，总统就把任命的理由解释了一下。

不等总统解释完，议员心里对他的风度已经大为折服，更为自己的不当行为感到羞愧。所以，当他回去向同僚们汇报的时候，他说："总统的具体解释我已经记不得了，但是我敢肯定，他是对的。"

最终，在这件事上，总统获得了一位强有力的支持者。

还有一则成功说服愤怒对象的例子。马丁是美国一家杂志社的杂志发行人，他总揽杂志的发行、公关与广告事务。

1982年，他是杂志社在新英格兰地区的唯一一位业务员。有一天，快要下班的时候，他接到一位广告代理商杰克的电话，这个人是马丁最大的客户——富达投资公司的代理人。杰克在电话里大发雷霆，因为马丁把一张重要发票上的某一个重要项目填错了。"很抱歉，我听不清你说了些什么。"马丁说，"让我查一下，明天早上给你答复好吗？"这样的解释根本就没有用。杰克还是不停地咒骂。富达是马丁最大的客户，马丁只能忍着气说："如果你想骂我，当面骂不是更解气吗？我离你那不远，我现在就过去好吗？"

"算了，我很忙。"说完，杰克就挂断了电话。当天晚上，马丁就把相关的资料完全查阅了一遍，做好了一切准备。

虽然客户没有同意马丁过去面谈，但马丁还是决定不请自来，与杰克面谈，以表示主动解决问题的诚意。

结果，当马丁找到杰克时，他有一些意外。但很快他便调整了心态，开始与马丁研究解决问题的办法。

最终，他们竟成了无话不谈的朋友。所以，当你遇到愤怒的客户时，如果你迅速采取有效行动，客户的怒火往往能成为双方"不打不相识"的机会。

07 赞美客户时，如何夸到点子上

每个人都期望得到别人的赞美和肯定。对于被赞美者来说，他得到的不仅仅是一句夸赞，还得到了尊重，脸上光彩，心中也愉快。而赞扬也是一种高效的销售说服技巧。之所以说它高效，是因为客户接收销售人员发出的信息的同时，也收到了得体、适度的赞扬信息，从而满足了客户内心潜在的受到尊重的需求，对销售人员产生了"自己人"的认同感和信任感，这样一来，客户对销售人员发出的信息自然就容易接受了。那么，利用赞扬之辞推销产品的话怎样说到点子上呢？

日本有一位佐藤经理，开的汽车已经很老、很破了。他在创业时期艰苦奋斗习惯了，现在成功了，怎么也舍不得换新车。

像这样的人，是各汽车销售公司最好的潜在客户，但是很长时间以来，都没有人能成功地向他推销出一辆汽车。

原来，这些业务员总会说："您这辆车子太破了，太旧了，跟您的身份不符……""您这破车三天两头就要修理,修理费用得需要多少钱呀……"等等一类的话。而这些话让任何人听了肯定都不会高兴。果然,佐藤心里不痛快了。

最后,又来了一位业务员,他却成功了。他是怎样进行说服的呢?他是这样说的:"您的车子还可以再用几年,现在换了新车是有点可惜。不过,这辆车能够行使12万英里(约19万公里),您开车的技术可真是高超!"

这话真是说到佐藤心里去了,他的话匣子也打开了……最终,佐藤给自己换了辆新车。这个业务员的水平够高吧,他竟在无法赞美的事情上发现值得赞美的点。就是这些赞美的话,让他成功地说服了对方。下面的这个化妆品推销员的水平也很高。

一天,化妆品推销高手玫琳·凯与朋友一起逛成衣店,听到旁边有两个女孩子正在说话。两位女孩一位金发,一位黑发。金发女孩买了一件新衣服,穿起来很好看,黑发女孩称赞说:"刚才你放下的那件衣服,扣子挺漂亮的。"金发女孩突然有点生气:"那是什么破衣服,扣子难看死了,看看这个。"

这时,玫琳·凯和朋友走了过去。玫琳·凯面带笑容对金发女孩说:"这件衣服的领子很漂亮,衬得你的脖子像高贵的公主一样有气质,要是再配上一条项链,那就完美极了。"金发女孩很高兴,因为她也是这么想的。她说黑发女孩没有欣赏眼光,黑发女孩不服气:"我也是这么觉得的,只不过没说出来罢了。"

玫琳·凯对黑发女孩说:"其实你可以试一下这件,它特别能衬托出你优美的身材。"黑发女孩也高兴起来了。"当然,要是你们的皮肤再稍为护理一下,会显得气质更加优雅。"三人就开始聊起了美容化妆的话题,这是玫琳·凯最擅长和最希望的。

后来,两人都成了她的忠实顾客。有了适当的赞美机会,我们就应该说出来。这时候,任何人都喜欢得体的赞美。

下面我们继续欣赏一下,化妆品推销高手、美国化妆品大王玫琳·凯是如何把握住每一个闪光点,恰如其分地赞美对方的。

玫琳·凯上门去推销化妆品,女主人非常客气地拒绝了她:"对不起,我现在没有钱,等我有钱了再买,你看可以吗?"但细心的玫琳·凯看到了女主人怀里抱着一条名贵的狗,于是知道"没有钱购买"只是她拒绝自己的一句托词。于是,她微笑着说:"您这小狗真可爱,一看就知道是很名贵的狗。""没错呀!""那您一定在这个狗宝宝身上花了不少的钱和精力吧?""对呀,对呀。"女主人开始很高兴地为玫琳·凯讲述她为这条狗所花费的钱和精力。玫琳·凯非常专心地听着,在一个非常适当的时机,她插了话:"那是肯定的,能够为名贵的狗花费足够的钱和精力的人,一定不是普通阶层。就像这些化妆品,价钱比较贵,所以也不是一般人可以使用得上的,只有那些高收入、高档次的女士,才享用得起。"女主人听后,很高兴地买下了一套化妆品。

恰当的赞美之辞,对你成功说服客户、提高销售量功不可没。

08　客户提出异议时，如何巧妙应答

推销员要善于间接否定顾客异议，用"肯定与否定法"你就可以做到。具体做法是：先肯定、赞同顾客的看法，然后用转折词，将顾客的异议予以否定。

采用该法，由于是先同意顾客异议的合理性，然后在重复顾客异议的过程中，巧妙地转移话题来阐明自己的观点，因而能较容易地与顾客沟通感情，避免顾客产生失望情绪和抵触心理，消除顾客的疑问，营造和谐的气氛。

齐德勒先生是一位烹调器具的推销员。一次他在向一位家庭主妇做了产品介绍后，约好第二天再去拜访她。到了第二天，这位家庭主妇虽然在家等着他的拜访，但听了他对产品进一步的说明后便说：还要再想一下，这件事还要同丈夫商量之后才能做决定。

这时，齐德勒先生虽然知道这次成交的机会不大，但他走前想要确定这位主妇是有意拖延，还是确实有理由不买；是真想和

丈夫商量，还是想打发他走。于是他说："好，我晚上再来，可以吗？"主妇拖延着不置可否。于是，齐德勒先生说道："让我问你一个问题，什么时候你的丈夫带食品回家？"她反问："你这是什么意思？他根本不带食品回来。"齐德勒问道："那由谁来买呢？"她说："当然我买。"齐德勒又问："你经常买吗？"她说："当然。"齐德勒紧接着问："食品很贵吧？一星期的食品将花费你20美元或25美元，对吧？"她说："什么20美元或25美元！应当是120美元或125美元，你大概从来没买过食品吧？"齐德勒说："是的，让我做个保守一点的估计，你每星期在食品上的花费至少50美元，可以吗？"她说："可以。"接着，齐德勒拿出一个笔记本，对她说："夫人，你每星期花费50美元买食品，一年如果按50个星期算，那将花费2500美元。你刚才告诉我，你已经结婚20年了，这20年来，每年2500美元，共花费了50000美元，这是你丈夫信任你让你买的。你总不会每次把账单都给他看吧？"她听完后笑了。齐德勒说："夫人，你丈夫既然信任你用50000美元买食品，他肯定会让你再花400美元买烹调器具，以便更好、更节省地烹调下一个50000美元的食品吧？"就这样，齐德勒卖出了一套烹调器具。

当然，这种想方设法地加以化解的技巧是建立在正确判断顾客异议，掌握顾客真正想法的基础上的。

09　见面攀谈时，如何打造良好印象

推销员与准顾客交谈之前，需要适当的开场白。开场白的好坏，几乎可以决定这一次访问的成败。换言之，好的开场，就是推销员成功的一半。推销高手常用以下几种创造性的开场白：

（1）直接告诉对方产品会让他省钱和赚钱

通常，人们对钱都感兴趣，省钱和赚钱的方法很容易引起客户的兴趣，如："张经理，我是来告诉你贵公司节省一半电费的方法。""王厂长，我们的机器比你目前的机器速度快、耗电少、更精确，能降低你的生产成本。""陈厂长，你愿意每年在毛巾生产上节约5万元吗？"

（2）真诚的赞美

每个人都喜欢听好话，客户也不例外。因此，赞美就成为接近客户的好方法。赞美准顾客必须要找出容易忽略的特点，而让准顾客知道你的话是真诚的。赞美的话若不真诚，就会成为拍马

屁,这样效果当然不会好。

赞美比溜须拍马难,它要经过思索,不但要有诚意,而且要选择既定的目标。

"王总,您这房子真漂亮。"这句话听起来像溜须拍马。"王总,您这房子的大厅设计得真别致。"这句话就是赞美了。

下面是如何赞美客户的开场白实例。

"林经理,我听××服装厂的张总说,跟您做生意最痛快不过了。他称赞您是一位热心爽快的人。"

"恭喜您啊,李总,我刚在报纸上看到您的消息,祝贺您当选十大杰出企业家。"

(3) 利用好奇心

现代心理学表明,好奇是人类行为的基本动机之一。美国杰克逊州立大学刘安彦教授说:"探索与好奇,似乎是一般人的天性,对于神秘奥妙的事物,往往是人们想要关注的对象。"那些顾客不熟悉、不了解、不知道或与众不同的东西,往往会引起人们的注意,推销员可以利用人人皆有的好奇心来引起顾客的注意。

一位推销员对顾客说:"老李,您知道世界上最懒的东西是什么吗?"顾客感到迷惑,但也很好奇。这位推销员继续说:"就是您藏起来不用的钱。它们本来可以购买我们的空调,让您度过一个凉爽的夏天。"

某地毯推销员对顾客说:"每天只花一毛六分钱就可以给您的

卧室铺上地毯。"顾客对此感到惊奇，推销员接着讲道："您的卧室12平方米，我厂地毯价格每平方米为24.8元，这样需要297.6元。我厂地毯可铺用5年，每年365天，这样平均每天的花费只有一毛六分钱。"

推销员应制造神秘气氛，引起对方的好奇，然后在解答疑问时，很技巧地把产品介绍给顾客。

（4）提及有影响的第三人

告诉顾客，是第三者（顾客的亲友）要你来找他的。这是一种迂回战术，因为每个人都有"不看僧面看佛面"的心理，所以大多数人对亲友介绍来的推销员都会很客气。如："何先生，您的好友×××先生要我来找您，他认为您可能对我们的印刷机械感兴趣，因为这些产品会为公司带来很多好处与方便。"

打着别人的旗号来推介自己的方法，虽然很管用，但要注意，一定要确有其人其事，绝不可以自己杜撰，要不然的话，顾客一旦查对起来，就要露出马脚了。为了取信顾客，若能出示引荐人的名片或介绍信，效果会更佳。

（5）以著名的公司或人为例

人们的购买行为常常受到其他人的影响，推销员若能把握顾客这层心理，好好地利用，一定会收到很好的效果。例如："李厂长，××公司的张总采纳了我们的建议后，公司的营业状况大有起色。"以著名的公司或人为例，可以壮自己的声势，特别是如果您举的例子正好是顾客所景仰或性质相同的企业时，效果就更会显著。

（6）提出问题

推销员直接向顾客提出问题，利用所提的问题来引起顾客的注意和兴趣。例如："张厂长，您认为影响贵厂产品质量的主要因素是什么？"产品质量自然是厂长最关心的问题之一，推销员这么一问，无疑将引导对方进入正题。

在运用这一技巧时应注意，推销员所提问题，应是对方最关心的问题，提问必须明确具体，不可言语不清楚、模棱两可，否则，很难引起顾客的注意。

（7）向顾客提供信息

推销员向顾客提供一些对顾客有帮助的信息，如市场行情、新技术、新产品知识等，也会引起顾客的注意。这就要求推销员能站到顾客的立场上为顾客着想。推销员应充实自己的知识，尽量多阅读相关报刊，掌握市场动态，把自己训练成为这一行业的专家。顾客或许对推销员敷衍了事，可是对专家则是非常尊重的。如你对顾客说："我在某某刊物上看到一项新的技术发明，觉得对贵厂很有用。"

推销员为顾客提供了信息，关心了顾客的利益，也同时获得了顾客的尊敬与好感。

（8）表演展示

推销员利用各种戏剧性的动作来展示产品的特点，是最能引起顾客注意的。一位消防用品推销员见到顾客后，并不急于开口说话，而是从提包里拿出一件防火衣，将其装入一个大纸袋，随即用火点燃纸袋，等纸袋烧完后，里面的衣服仍完好无损。这一戏剧性的表演使顾客产生了极大的兴趣。卖高级领带的售货员只说"这是金钟牌高级领带"，这没什么效果；但是，如果把领带揉成一团，再轻易地拉平，说"这是金钟牌高级领带"，这样边说边展示，就能给人留下深刻的印象。

（9）利用产品

推销员可以利用所推销的产品来引起顾客的注意和兴趣。这种方法的最大特点就是让产品做自我介绍，用产品的实际效果来吸引顾客。某省一乡镇企业厂长把该厂生产的设计新颖、做工考究的皮鞋放到某商厦经理办公桌上时，经理不禁眼睛一亮，问："哪里产的？多少钱一双？"

同样的，广州某表壳厂的推销员到上海手表三厂去推销，他们准备了一个产品箱，里面放着制作精美、琳琅满目的新产品，进门后也不说太多的话，直接把箱子打开，一下子就吸引住了顾客的目光。

（10）向顾客求教

推销员可以利用向顾客请教问题的方法来引起顾客注意。有些人好为人师，总喜欢指导、教育别人以显示自己的高明。推销员有意找一些不懂的问题，或懂却装不懂地向顾客请教。一般顾客是不会拒绝虚心讨教的推销员的。例如："王总，在计算机方面您可是专家。这是我公司研制的新型电脑，在设计方面还存在什么问题？还请您指导。"受到这番抬举，对方就会接过电脑资料信手翻翻，一旦被电脑先进的技术性能所吸引，推销便大功告成。

(11) 强调与众不同

推销员要力图创造新的推销方法与推销风格，用新奇的方法来引起顾客的注意。日本一位人寿保险推销员，在名片上印着"76600"的数字，顾客感到奇怪，就问："这个数字是什么意思？"推销员反问道："您一生中吃多少顿饭？"几乎没有一个顾客能答得出来，推销员接着说："81030顿。假定退休年龄是55岁，按照日本人的平均寿命计算，您还剩下19年的饭，即20805顿……"这位推销员用一个新奇的名片吸引住了顾客的注意力。

(12) 利用赠品

每个人都喜欢礼物，附带赠品就是利用人的这种心理。很少有人会拒绝免费赠送的东西，用赠品做敲门砖，既新鲜，又实用。

(13) 讲好开场白

当代最富权威的推销专家戈德曼博士强调，在面对面的推销中，说好第一句话是十分重要的。顾客听第一句话要比听之后的话认真得多。听完第一句话，许多顾客就自觉不自觉地决定是尽快打发推销员走还是继续谈下去。因此，推销员要尽快抓住顾客的注意力，才能保证推销过程的顺利进行。

10 客户压价时,如何恰当说服

高价产品是企业重要的盈利来源,但很多高价产品尚未与消费者谋面,就已被经销商封杀在渠道中,因为经销商对销售高价产品总是有太多的顾虑。如何让经销商客户接受高价格,是许多企业营销人员非常关心和头疼的问题。

其实,价格没有高低之分,只要你让购买者觉得值。这个原则不仅适用于说服消费者,也适用于说服经销商。如何消除经销商的顾虑,让其觉得销售高价产品很值,巧妙地把话说到点子上呢?下面将为您提供几点实用的技巧。

客户会习以为常地以竞品价格打压产品,例如说:"你们的产品太贵了,人家同样的产品比你的便宜多了!"这种情况下,客户认为产品价格高,很多时候是因为没有选对参照物,因为"价格高低"都是相对的。例如在方便面行业,客户拿竞品的双料包产品与我方的三料包产品进行比较,拿竞品的低档面与我方的中高档面进行比较,拿小企业的产品与我们大企业的产品进行比较等,这种比较势必产生错误的结论。

最好的应对方法为:

第一,先让客户讲,看看他之所以认为我们企业的产品"价格高",是在与哪家企业的产品进行比较。

如果客户拿我们大企业的产品与小企业的产品相比,就应向客户说明两者的价格是不能相提并论的,因为品牌的知名度和市场定位都不一样。

如果客户拿我们企业的产品同主要竞争对手的产品相比,那么首先应将客户所说的竞品的价格和售卖情况调查清楚;然后对号入座,看看竞品相当于我方产品的哪个品类;最后向客户说明他是在拿低档竞品的价格比我方高档产品的价格,对我方显然是不公平的。

第二,对本企业产品和竞品的各种优劣势进行详细比较,用数据、证书等直观的方式,从企业的状况和产品的定位、包装、质量等方面向客户说明。如在质量方面:向客户说明我们企业的生产和质量管理情况,必要时可向客户出具企业获得的质量保证体系的证明文件,与竞品进行相关质量指标的对比。或请第三方进行抽测。在第三方事前并不知道所测产品属什么牌子的情况下,客观地说出我方产品与竞品相比有何长处。

第三,告诉客户我们的高价产品背后,有着优于竞争对手的完善的服务体系,它是厂商持久发展的重要保障。

在这个过程中,需要注意的是不要蓄意攻击竞品,在客户面前切忌为了说明我方产品好而有意攻击竞品,这样很容易引起客户的反感。一定要拿数据和事实说服客户。

11　应对分心客户，如何吸引其注意力

推销过程中，为了吸引顾客注意力，有经验的销售人员会巧妙地利用提问的形式达到目的。那么，这类提问的话怎样才能巧妙地说到点子上呢？

（1）单刀直入法

这种方法要求推销员直接针对顾客的主要购买动机，开门见山地向其推销，打他个措手不及，然后"乘虚而入"，对其进行详细劝服。请看下面这个例子。某家门铃响了，一位衣冠楚楚的先生站在大门的台阶上，当主人把门打开时，这个人问道："家里有高级的食品搅拌器吗？"男主人怔住了。这突然的一问使主人不知怎样回答才好。他转过脸来和夫人商量，夫人有点窘迫但又好奇地答道："我们家有一个食品搅拌器，不过不是特别高级的。"推销员回答说："我这里有一个高级的。"说着，他从提包里掏出一个高级食品搅拌器。不言而喻，这对夫妇接受了他的推销。

假如这个推销员改一下说话方式，一开口就说："我是×公司推销员，我来是想问一下你们是否愿意购买一个新型食品搅拌器。"请想一想，这种推销的效果会如何呢？

(2) 连续肯定法

这个方法是指推销员所提问题便于顾客用赞同的口吻来回答，也就是说，推销员让顾客对其推销说明中所提出的一系列问题，连续地回答"是"。然后，等到要求签订单时，已造成有利的情况，好让顾客再作一次肯定答复。如推销员要寻求客源，事先未打招呼就打电话给新顾客，可说："很乐意和您谈一谈，提高贵公司的营业额对您一定很重要，是不是？"（很少有人会说"无所谓"）"好，我想向您介绍我们的××产品，这将有助于您达到您的目标，日子会过得更潇洒。您很想达到自己的目标，对不对？"像这样让顾客一"是"到底。

运用连续肯定法，要求推销人员要有准确的判断能力和敏捷的思维能力。每个问题的提出都要经过仔细的思考，特别要注意双方对话的结构，使顾客沿着推销人员的意图做出肯定的回答。

(3) 诱发好奇心

诱发好奇心的方法是在见面之初直接向可能买主说明情况或提出问题，故意讲一些能够激发他们好奇心的话，将他们的思路引到能为其提供的好处上。如一个推销员对一个多次拒绝见他的顾客递上一张纸条，上面写道："请您给我十分钟好吗？我想为一个生意上的问题征求您的意见。"纸条诱发了采购经理的好奇心——他要向我请教什么问题呢？同时也满足了他的虚荣心——他向我请教！这样，结果很明显，推销员应邀进入办公室。

但当诱发好奇心的提问方法变得近乎耍花招时，用这种方法往往很少获益，而且一旦顾客发现自己上了当，你的计划就会全部落空。

(4)"照话学话"法

"照话学话"法就是首先肯定顾客的见解，然后在顾客见解的基础上，再用提问的方式说出自己要说的话。如经过一番对产品的介绍，顾客不由地说："嗯，目前我们的确需要这种产品。"这时，推销员应不失时机地接过话头说："对呀，如果您感到使用我们这种产品能节省贵公司的时间和金钱，那么还要犹豫吗？"这样，水到渠成，毫不矫揉造作，顾客就会自然地买下产品。

(5)刺猬效应

在各种促进买卖成交的提问中，"刺猬效应"是很有效的一种方法。所谓"刺猬效应"，其特点就是你用一个问题来回答顾客提出的问题。你用自己的问题来控制你和顾客的洽谈，把谈话引向销售程序的下一步。让我们看一看"刺猬效应"式的提问法：

顾客："这项保险中有没有现金价值？"推销员："您很看重保险单是否具有现金价值吗？"顾客："绝对不是。我只是不想为现金价值支付任何额外的费用。"对于这种顾客，若你一味向他推销现金价值，你就会把自己推到河里去，且一沉到底。这个人不想为现金价值付钱，因为他不想把现金价值当成一桩利益。这时你该向他解释现金价值这个名词的含义，提高他在这方面的认识。

一般地说，提问要比讲述好。但要提有分量的问题并非易事。简而言之，提问要掌握两个要点：

第一，提出探索式的问题。以便发现顾客的购买意图以及怎样让他们从购买的产品中得到他们需要的利益，从而就能针对顾客的需要为他们提供恰当的服务，使买卖成交。

第二，提出引导式的问题。让顾客对你打算为他们提供的产品和服务产生信任。还是那句话：由你告诉他们，他们会怀疑；让他们自己说出来，就是真理。

12　客户说要考虑时,如何催促其购买

"我要考虑考虑",这恐怕是做产品销售的人员最不愿听到的答复了。

对于顾客的"我要考虑考虑",最好的处理方法就是说:"当然,先生,我很了解您这样的想法,但是我想,如果您还想再考虑,一定因为还有一些疑虑,您还不是很确定,我说得对不对?"

大部分的人都会答道:"是的,在我做出决定之前,还有一些问题我需要再想一想。"

接下来,你要这样回答:"好的,我们不妨一起把这些问题列出来讨论一下。"

然后,拿出一张白纸,在纸上写下一到十的数字。"现在,先生,您最不放心的是哪一点?"不管顾客说什么,把这一点写在数字一的那一行,然后再继续问,把下一个问题列为第二点,以后顺次排序。

客户顶多会列出三到四点，当客户再也想不出问题之后，你可以问："还有没有我们没有想到的呢？"如果顾客说："没有了！"你便说："先生，如果以上提出的问题，我都能一一给您满意的答复，您会不会购买？"

如果顾客回答是肯定的，你就提前缔结这次销售。接下来，你要针对具体问题为客户一一解释和保证，如果他认为还是不能马上决定购买，专业的推销员会说："您一定还有不满意的地方。请再列出来。让我们共同来处理。"

当你逐一回答这些问题时，一定要清楚而明确，在解释清楚问题之后，一定要先问客户："您对这点满意了吗？"或是"我们是不是已经完全谈到每一个细节了？"或是"您是不是对这点还有疑虑？"然后，再开始解释下一点。

另外，还有一种方式来应付客户的"好好考虑"。你可以面带微笑地说："这真是太好了，我很高兴听到您说'要好好考虑'，显然如果您没有兴趣的话您也不会花时间来考虑它。因此，我假设不管您决定买或不买，您都要避免做出错误的选择。您说我的假设成不成立？您考虑时间的长短在此时并不重要。您要寻求的就是正确的决定，您同意我的说法吗？"

在顾客说"考虑看看"时你还可以采取下列对策：

——一定是我的说明不够清楚，您才不能欣然允诺，这恐怕会有负面的影响，请让我重新说明一次。

——您这么忙，可能没有时间重新考虑这件事。与其往后决定，不如现在请您再考虑考虑，好吗？

——您说要再考虑考虑，证明您对我的话有兴趣，这真让人兴奋。如果不关心我们的商品，不可能特地抽出时间听我说明，由此可知您有意向购买。现在您想弄清楚的是自己需要什么吧？考虑三分钟或三年应该都一样，这和时间无关，您需要的只是确认自己的判断是否正确。既然如此，我们何不重新再考虑考虑？我认为结论还是一致的，这不就证明您的判断是正确的吗？

——我认为您有意向购买，但怕周围的人说闲话。其实，找消极的人商量，答案一定是"最好不要买"；问积极的人，答案绝对是"这种事您自己决定，可以的话就买"。您想和谁商量呢？现在最重要的是您要或不要，要的话何须考虑？您只需要考虑如何使用，不是吗？

13　演讲推销时，如何战胜紧张和恐惧

爱默生说："恐惧较之世上任何事物更能击溃人类。"也正因为如此，消除恐惧与自卑感是人们进行公开讲话的前提。要真正克服惧怕当众讲话的心理，把话说到点子上，须从以下几个方面着手：

（1）找出自己害怕当众说话的原因

其实，害怕当众说话并不是某一个人的心理，大多数人都不同程度地具有这种心理，因此，这也可以说是相当一部分人的共同心理特点。当你身处公共场合，并准备进行推广产品的活动时，千万不要过于紧张，要保持冷静，因为你的身体一向对外来的刺激保持着警觉，这种警觉表明它已准备采取行动，以应付环境的挑战。假设这种心理上的预备是在某种限度之下的，当事者会因此思维更敏捷，话语更流畅，会比在一般状况下更为精辟有力。

人们害怕当众说话的主要原因，是他们不习惯于当众说话。

因为对于大多数当众讲话者来说，他们无法预期讲话的效果是好是坏，就不免会感到焦虑和恐惧。要克服当众说话那种恐惧感，最有效的方法之一，便是获取成功的经验做后盾。由于你要当众说话，某种程度的恐惧是自然的现象，因此你应该学会凭借某种限度之内的登台恐惧，来使你表现得更好。当然，有时登台的恐惧可能会一发而不可收拾，造成思路的滞塞、言词的不畅、肌肉过度痉挛而无法控制，从而严重降低了发言的效果。你无须灰心丧气，这些情况在初学者中很常见。只要你肯多下功夫，就会发现恐惧的程度会逐渐减少，这时它就是一种助力，而不是一种阻力了。

（2）以适当方式对演讲做充分的准备

有备而来的演说者才能获得自信和成功。这就像一个人上战场一样，带着有故障的武器，并且身无弹药，怎能奢谈猛攻"恐惧之堡"呢？林肯曾说："我相信，我若是无话可说时，就是经验再多、年龄再老，也不能免于难为情。"这话说得太深刻了。要进行成功的演讲，就必须有备而来，否则未经准备即出现在听众面前，与未穿衣服是一样的。

那么，进行精心的准备，是不是就要逐字逐句地将演讲稿全部背下来呢？不是的。

重点在于，为了不让自己因忘词而出丑。许多演说者刚开始便一头栽进了背诵的陷阱里。一旦沾染上这种心理麻醉的瘾，便会不可救药地使用这种演讲方式,那会严重影响演说的效果。

平常我们私下与人交谈时,总是一心想着要说的事,并把它直接说出来,并未特别去留心词句。我们一直都是这么做的,现在又为什么要改呢?许多人把讲稿扔进纸篓以后,不是反而讲得更生动、更有效果吗?这样做也许会遗忘了某几点,说起来有些散漫,但是起码它显得更有人情味一些。

(3)尽量避免令自己不安的反面刺激

比如,如果在演讲过程中总是设想自己会犯语法错误,或总担心自己讲着讲着会突然停顿下来,讲不下去了,这就是一种反面的假想,它很可能会抹杀你对演讲的信心。因此,在开始演讲前,最重要的就是要把注意力从自己身上移开,或是集中精力听别人在说些什么,以便把注意力放在他们身上,避免产生不必要的登台恐惧感。

美国著名心理学家威廉·詹姆斯教授曾说:"行动似乎紧随于感觉之后,但事实上却是行动与感觉并行;行动在意志的直接控制之下,受着约束行动,我们可以间接约束感觉,而它是不受意志的直接控制的。因此,假若我们失去了原有的自然的欢乐,那么,通往欢乐最佳的方法,即是快快乐乐地站起来、说话,表现得好像欢乐就在那里。如果这样的举动不能让你觉得快乐,那就别无良方了。所以,让感觉勇敢起来,表现得好像真的很勇敢,运用一切意志来达成那个目标,勇气就很可能会取代恐惧感。"

詹姆斯的劝告对我们非常有用。为了培养勇气,当面对众多的讲话对象时,不妨就表现得好像真有勇气一般。可是,除非有所准备,否则再怎么表演也是无用的。不过,如果已经定下并熟悉了自己所要讲的内容,那就大踏步走出,并深深地呼吸吧。事实上,在开始公开讲话之前,应深呼吸三十秒,这样所增加的氧气供应可以提神,并能给你勇气。

克服当众说话的恐惧,对我们做任何事情都会有极大的潜移默化的功效。那些接受挑战的人,会发现自己的口才一天天好起来,还会发现由于战胜了当众说话的恐惧,自己已脱胎换骨,进入了更丰富、更圆满的人生。对这些人来说,自己能够轻易地克服恐惧和焦虑是件可喜的事情,从前可能会失败的事,现在却成功了。并且,他们能够从当众说话中获得信心,从而满怀激情、信心十足地面对每一天的每一件事情,把握自己和自己的将来。其实,人们只要能够以面目一新的胜利感迎战生活里的难题和困扰,即使所面对的是困难重重的境况,也可以将之变成为生活增添情趣的愉快挑战。

14 向客户催款时,如何巧妙施压

谈起销售,就无可避免地要谈到货款的催收。因为回笼的货款是营销人员业绩的体现,是产品销量的反映,是公司利润的源泉。然而,很多营销人员因货款催收不力,从而导致公司资金周转困难,甚至产生巨额呆账、死账。因此,向客户催收货款时,把话说到点子上,是要注意一些方式方法的。

(1) 开门见山,合作原则言在先

营销人员往往有这样的一种心理:如果把合作条件(特别是付款方式)开门见山地提出来,客户很可能认为条件太苛刻而不予合作,从而影响到之后的业务往来。其实,这种担心大可不必。

第一,事先说明,显示了自己真诚合作的原则。第二,减少了后期业务过程中的后遗症和一些不必要的麻烦。

(2) 言信行果,该怎么办就怎么办

营销人员因顾念情面对客户延期付款的要求做出一时的让步,

而导致货款多次催收无果的现象已是屡见不鲜。所以，营销人员应坚持原则，执行公司的相关业务规定，结算每一笔货款时，该怎么办就怎么办。

第一，公司规定只做现款结算的，就坚决不做代销。第二，按"送二结一"结算方式签约的，客户如不将前一批货款结清，就坚决不供第二批货物。第三，到了合同规定的或客户指定的结款日期，一定要按时结款。一来可以抢在别的业务人员之前，让客户将有限的资金先支付给自己；二来不给客户留下话柄。第四，形成一个客户可感知的结款习惯。勤于拜访客户，每隔一定时间向客户提个醒。

营销人员如果做到了这几点，就会让客户形成"该公司货款不可拖欠"的印象，这样一来，货款催收自然就顺利多了。

（3）不卑不亢，态度柔中带刚

有些营销人员认为：向客户追讨货款，是求别人办事，因而在与对方的交涉过程中，没有丝毫的底气，让客户觉得好欺负，从而故意刁难或拒绝付款。所以，在收款过程中，摆正姿态是非常重要的。

第一，理直气壮、义正词严地向客户说明来意。第二，在理解客户难处的同时，让客户也理解自己的难处。第三，在表明非结不可的坚决态度的同时，要做到有礼有节。

(4) 明察暗访，深谙客户经营状况

有时，客户会以各种原因为借口，不予付款。这就要求营销人员平时要做有心人，多观察，及时地掌握与结款相关的一切信息动态。只有这样，才能辨明客户各种"借口"的真相，并采取有效的针对措施。

在平常的业务交往中，要摸清客户结款的一些基本情况，如结款时间、结款方式、结款签字负责人坐班时间、有无对账程序、须提供普通发票还是增值税发票以及何时提供等。

与客户的一两个职员建立起牢固的私人感情，让他成为自己的"内应"或"线人"，适当的时候把客户的相关情况告知给自己。尤其应关注自己所供产品的销售情况。如在当次结款周期内，产品的销量、回款额、库存分别是多少，是否达到合同规定的结款条件。如果产品销量确实欠佳，则应立即出台助销政策，并对客户的销售工作做出指导，因为产品的实际销量才是结款时最具说服力的依据。

(5) 归纳整理，做到心中有数

如果营销人员自己心中对应收账款的明细也没有数的话，收款效果肯定不佳。要做到这一点，营销人员应定期对货款进行盘算清点。

第一，做好送货记录。明确在哪一天给哪些客户分别送了哪些货物，合计多少钱；每一笔款按合约又该何时回笼。第二，做

好货款分类。按照货款预定的回收时间及回收的可能性,将货款分为未收款、催收款、准呆账、呆账、死账几类,对不同类型的货款,加以不同的催收力度。第三,做好催收计划。依据货款期限的长短、货款金额大小及类型、客户付款程序的繁简、客户离公司的远近等因素,做出一个轻重缓急的货款回收计划,有头绪、有步骤地开展货款催收工作。

(6) 灵活应变,明催暗讨相结合

在结款时机、场合、对象的把握上,营销人员应针对不同的拒付借口、不同类型的客户灵活多变地加以处理。

第一,针对不同的借口采取不同的行动。第二,分清客户类型。第三,选择时间。第四,明确向谁讨账。

(7) 时刻关注,避免出现呆账、死账

营销人员在把客户当上帝的同时,也要对他小心提防着点儿,时刻关注一切异常情况,如人事调整、机构变革、经营转向、场地拆迁,甚至关闭、倒闭、破产的先兆等,一有风吹草动,立马开展跟进工作,防患于未然,杜绝呆账、死账,以减少不必要的货款流失。

首先,进货情况。主要是进货的时间、频率及数量,如果客户在淡季多次大批量进货,显然是不正常之举。

其次,销售方式。注意客户有无恶意窜货、跨区域销售、削价抛售、清仓甩卖等行为。

再次，人事变动、机构调整。主要是原来负责对口工作的相关人员调离或组织机构撤销。一旦有变动或调整，务必要求客户办妥移交手续，最好是以企业法人身份做出货款确认工作，以防"赖账"现象发生。

第四，付款时间。如果一向按时足额付款的客户一再要求延长付款时间或分批支付货款，其中必有蹊跷。

第五，经营方向。实力本来就不济的客户突然转向投资或兼营其他行业，在财力和人力上必然勉强。如果他失败了，你的公司很可能就成为他倒账的对象。

此外，不可抗力的因素，如政府要求大面积拆迁以致客户不得不停业，同样可能导致呆账、死账的产生。

（8）巧妙施压，若想合作，付款再谈

在结款时，营销人员除了"按程序办事""按规矩办事"之外，还必须巧妙地给客户施加压力，防止客户拖延支付期限或减少支付金额，从而达到按时足额结款的目的。

第一，将购货要求化整为零，多批次、少品种、少数量地给客户供货。第二，终止相关的销售政策。第三，将优势品种断货。第四，前款不结，后货不送。

迫于以上种种压力，客户为了使自己的长远利益不受损害，一般均会如约付款。

15 电话访问时,如何打动客户

通过电话向客户推销产品,难度要比面对面与客户交流难很多,想把话说到点子上就更难了,但也不是没有办法,掌握以下几点技巧,可助你一臂之力,增加成功的可能性。

(1) 开门见山

一拨通对方的电话就要设法找到你要找的人。比如,你想找一家外资公司的行政经理,试图建立商务客户合作关系,签订商务客户用房协议。对方一接听你的电话,你就要说:"早上好!请问一下贵公司行政经理叫什么名字?"这个问题让对方只能回答具体内容,而不容他有说"不"的机会,以此引导对方把行政经理的名字告诉你,进而与行政经理通话。但如果你问"我能和你们的行政经理通话吗?"很可能得到的答复是"不行",从而使你陷入进退两难的窘境。

(2) 最初 15 秒

推销电话的最初 15 秒是最重要的。如果你不能以最有效的方式迅速打动对方，让他判断出你的谈话是否值得听下去，他就有可能毫不客气地中断与你的通话，而且下次即使你再打给他，他只要一听又是你，便有可能感到不耐烦。因此，你在拨电话之前就必须认真研究，找出此人可能会感兴趣的突破点，如根据早先的通信、对方公司最近取得的成绩、报纸上对该公司的报道或者对方最近碰到的而你正可以帮助解决的难题等，开门见山地触及此类话题，引起对方的兴趣。

(3) 贵在诚实

销售人员最容易犯的一个错误就是说话不实。为了推销自己的产品，有些销售代表就会不经意地夸大自己产品的优点，而一旦话说出口就覆水难收，只好硬着头皮不断撒谎，最后的结果当然是失败。销售工作需要的是扎扎实实的功夫，必须做好大量的事前调查和市场分析，做好定位，认准目标，保证你的产品正是他需要的。然后才能做到实事求是，以诚实的态度取信于人，推动销售。

(4) 价格因素

价格往往会是客户最关心的问题之一，但价格并不是最重要的因素。只有无能的销售人员才会把削低价格作为取得销售进展的唯一手段。经济学的常识告诉我们，成本与价格之间有着密不可分的关系。销售人员的责任在于向对方解释本企业的产品和服务对客户所具有的价值，让他知道花多少钱可以买到什么样的服务，然后才能成交。客户并不十分了解他正试图购买的是什么，销售人员的责任就在于沟通，让他知道物有所值。此外，在报价时要尽量先报高价产品及主要产品。

（5）产品优势

与价格一样，产品的优势也是要销售人员去解释的。客户在电话中是看不到产品特性的，因此销售人员更要强调产品的优势。

（6）重视对方

给客户打电话的目的就是主动推销，销售人员主动讲话是必要的。

但是你也必须十分敏感地注意对方的反应，尤其是对方有反对意见时，更不能不顾一切，否认对方的提议，甚至批评对方"不对"。正确的做法是认真倾听，把他提出的反对意见接过来，加以分析，并辅以你的解决措施，让他放心，消除顾虑。

（7）语言措辞

在电话推销中，尽量避开太过专业化的用语，用比较通用的词语，甚至是对方熟悉的词语。适当使用一些积极、主动、自信的词语，向对方表现出你对自己产品的信心，用丰富的语言描述你的产品和服务案例，增加他的感性认识，但切忌夸大其词。交谈中还可以抓住对方的心理，适当多使用一些他关心的词或字，

103

如"我这个建议主要是想让您在使用我们产品的过程中,不必过多地破费就可以享受到您所需要的全部服务,这样也可以节约一些不必要的开支"。在整个谈话过程中,要时常使用"您""谢谢您"等词语,以便鼓励对方购买。

(8) 利益分等

成功的推销不仅是销售人员成功地销售出产品,而是让对方也觉得有所收获,即所谓"双赢"的结局,这样,才会皆大欢喜。

(9) 确认跟踪

一旦达成口头协议,在结束谈话之前就必须与对方进一步确认,并在电话记录的基础上迅速给对方发去书面确认书,完成整个销售环节。最后必须说明,电话推销并不能完全代替面对面的推销。它只是另一种推销方式,它可以解决问题,促成销售,也可能遇到困难。但更多的,它可能引导客户与你进行一次面对面的生意谈判。通过电话访问,可以巩固现有的客户,也可以开发出真正对你有用的新客户。

16　增加成功率的七大销售说话技巧

在销售过程中，无论客户提出多么尖锐的问题与责难，使用下面这些肯定、认同的技巧说辞，能让客户降低抗拒的心理，并会起到意想不到的效果：

①您说得很有道理。

②我理解您的心情。

③我了解您的意思。

④感谢您的建议。

⑤我认同您的观点。

⑥您这个问题问得很好。

⑦我知道您这样做是为我好。

……在推销的话语里面，有些字眼会引起别人的抗拒和争论，作为一名销售人员要特别留意并避免它们。谈话中有一个词颇具杀伤力，可是我们用得太习惯而浑然不觉，这个词就是"但是"。

如果有人说:"你说得有道理,但是……"你知道他是什么意思吗?他是指你说的没道理或不相关。"王小姐长得真漂亮!但是鼻孔大了一点点!"相信对方立刻会给你一个白眼。"但是""可是"等这样硬性的转折词具有否定先前所说的话语的功能。如果有人在同意你的观点之后,再加上"但是"这两个字,你会有什么感觉呢?相信你会感觉很不痛快。

但如果你把"但是"这个词换成"同时"的话,会有什么效果呢?如果你这么说:"你说得有道理,同时我也有一些看法想和你做做交流……"或"那是个好主意,同时我也有一个很好的想法……"你认为会有什么效果呢?这两句话都是以同意对方观点开头,然后给自己的观点另开辟一条路,但后者不会造成对方抗拒的心理。

记住:在这个世界上没有永远抗拒的人,只有不懂得变通的人。

第三部分

社交往来篇

01　和陌生人交谈时，如何打开局面

前不久，老李出差住在一家旅馆里，入住的当天老李就看到了这样一幕：一位先来的旅客悠闲地躺在床上欣赏电视节目，另一位后来的旅客刚刚放下旅行包，稍拭风尘，泡了一杯浓茶，一边品茶一边端详先来的那位，说："师傅来了很久了？""比这位客人先来一刻。"他边指着正在看书的老李边说。"听口音您是山西人？""正是，山西大同人。您呢？""山东，德州。大同有很多的风景名胜啊。有悬空寺嘛，了不得。去年我还和全家人去玩了几天，很是尽兴。""哦。"这位大同客人听他说起自己的家乡，来了兴致，抛开电视不看，和他聊了起来。一会儿说何处风景极佳，一定要去，一会儿又说何种小吃其实味道一般，不吃也罢。两个人越聊越亲热，不知道的人还以为他们是认识多年的好友呢。

接着就是互赠名片，一起进餐，睡觉之前居然签订了合同。大同客人从德州客人处定购了一批货物；德州客人从大同客人那

里弄到一批价格合理的议价煤。

我们时常都会遇到陌生人，飞机上的邻座，火车同一车厢的上下铺，地铁或是汽车上站在你旁边的人，同乘一部电梯的人，同在一个屋檐下躲雨的人，同一个考场的考生，参加同一场面试的面试者，等等。常言说得好："相逢即是有缘。"多个朋友，多条路，朋友多了好办事。和陌生人打交道是交际中的一大难关，想说话又不知道如何开口，不说话又是四目相对，只字全无。那样的气氛有多尴尬。

上面故事里的两个人从萍水相逢到成为生意上的合作伙伴，用了不到一天的时间，关键就在于找到了共同点：都和大同有关系。德州的那位客人正是从口音入手，打开了对话的局面。通过更深入的交谈，二人发现了更多的共同点。他又结合自己在山西的经历和对山西的了解让山西客人有了一见如故之感，进而两人成了生意上的伙伴。

交谈是增进人与人之间情感的润滑剂，敢于同陌生人交谈，并善于同陌生人交谈，能有效地扩展人际交往的领域。这对于工作和生活常常会有意想不到的收获。

02　朋友失意时，如何帮助对方

一次，有人约了几个朋友来家里吃饭，这些朋友彼此都是熟悉的。主人把他们叫来主要是想借着热闹的气氛，让一位目前正陷入低潮的朋友心情好一些。

这位朋友不久前因经营不善，几乎倾家荡产，妻子也因为不堪生活的压力，正与他谈离婚，内外交迫，他实在痛苦极了。

吃饭的朋友都知道这位朋友目前的遭遇，大家都避免去谈与事业有关的事，可是其中一位姓刘的朋友因为目前事业一帆风顺，大赚了几笔，几杯酒下肚，忍不住就开始谈他的赚钱本领和花钱功夫，洋洋自得、手舞足蹈，连主人看了都有些不舒服。

那位失意的朋友低头不语，脸色非常难看，一会儿上厕所，一会儿去洗脸，后来他猛喝了一杯酒，一言不发，愤然离去。主人送他出去，在巷口，他愤愤地说："会赚钱也不用那么炫耀吧！"

主人了解他的心情，因为多年前他也遇过低潮，正风光的亲戚在他面前炫耀手里一沓厚厚的钞票，那种感受，就如同把针一支支插在心上一般，说有多难受就有多难受。

用自己的得意衬托出别人的倒霉，甚至会让对方以为你炫耀自己的得意之事是为了嘲笑他的无能，让对方产生一种被比下去的感觉。特别是失意的人，你在众人面前向他炫耀自己的得意之事，他的自尊心会受到严重的伤害，会更恼火，甚至对你怀恨在心。

聪明的人会将自己的得意放在心里，而不是放在嘴上，更不会把它当作炫耀的资本。在朋友失意的时候，他想听到的绝不是你的得意之事，你又赚了多少钱，你又得到了某个重要职位，其实什么都不说，只是安静地坐着也要比炫耀好得多。除非你想所有的朋友一个一个地离你而去。要记住没有永远不打败仗的将军，没有永远赚钱的商人，没有永远一帆风顺的人生。

诚然，每个人都希望别人多了解自己，多关注自己。在朋友情绪低落的时候多谈对方关心和得意之事，帮他恢复自信，维护自尊不是朋友应尽的责任吗？

03　说善意的谎言时，如何做到真诚

两个盲人靠说书、弹三弦糊口，年老者是师父，七十多岁；年轻者是徒弟，二十岁不到。师父已经弹断了九百九十九根弦了，还有一根就到一千根了。师父的师父临死的时候对他说："我这里有一张复明的药方，我将它封进你的琴槽中，当你弹断了第一千根弦的时候，你才可以取出药方。记住，你弹断每一根弦时都必须是尽心尽力的。否则，再灵的药方也会失去效用。"那时，师父还是20岁的青年，可如今他已皓发银须。五十年来，复明的药方就在指端，他在等待那最后一根断弦。他知道，那是一张祖传的秘方。

一声脆响，师父终于弹断了最后一根琴弦，他高兴地向城中的药铺赶去，当他充满虔诚、满怀期待地取草药时，掌柜的告诉他："那是一张白纸。"他的头嗡地响了一下，平静下来以后，他明白了一切：原来师父欺骗他说弹断一千根琴弦，就能得到那复明

的药方，只是真诚、善意的谎言，自己就是靠着这善意的谎言才有了生存的勇气，弹了五十年的琴。

　　回家后，他郑重地对徒弟说："我这里有一个复明的药方，我将它封入你的琴槽，当你弹断第一千二百根琴弦的时候，你才能去打开它，记住，必须用心去弹，师父将这个数错记为一千根了……"

　　不分场合的诚实，不仅会伤害到别人也会伤害自己。有时出于对别人利益的考虑，从善良的愿望出发，去编织一些谎话，是非常必要的。比如，面对身患癌症的好友，你忍心告诉他真相吗？明知道他所剩的时日已经不多，为什么不让他快乐一些呢？说一个善意的谎言，告诉他其实他得的只是普通的胃溃疡；孩子不喜欢吃药是因为药太苦了，撒谎说药不苦，是为了让他把药吃下去治好病；对老人说"您看起来真年轻"也许并不是那么回事，不过这样的谎言却可以让他更愉快、更长寿，说不定真的会变得年轻呢。

　　社交的谎言，在生活中起着润滑剂的作用。例如客人的孩子摔坏了杯子，我们会说"没关系，早想换新的了"。其实未必如此，不过是为了减轻客人的心理压力而已。招待客人时，主人头痛欲裂却装出笑容，以免扫大家的兴，让客人多玩一会儿，其实早就盼客人散去，好好休息。这种谎言具有牺牲自己的利益，顾全别人的功能。

当然，说谎时必须注意的是：你的谎言必须是以成人之美、避人之嫌、宽人之心、利人之事为目的的。谎言的设计应该是自然可信的，任何紧张造作和夸大其词，都会引起别人的怀疑和反感。

如果你能本着真诚，编造他人容易接受而不伤害其他任何人利益的谎言，那是你的高明，你完全没必要固执于绝对诚实。相反，你若本末倒置，即使"真诚"也会遭人唾弃。

04　向人道歉时，如何正确传达歉意

有一天，苏东坡去看望宰相王安石，恰好王安石出去了。苏东坡在王安石的书桌上看到了一首咏菊诗的草稿，才写了开头两句：西风昨夜过园林，吹落黄花满地金。苏东坡心想："西风"就是秋风，"黄花"就是菊花，菊花最是耐寒、耐久，敢与秋霜斗，怎么会被秋风吹落呢？说西风"吹落黄花满地金"岂不是大错特错。这个平素恃才傲物、目中无人的翰林学士，也不管王安石是他的前辈和上级，提起笔来，续诗两句：秋花不比春花落，说与诗人仔细吟。王安石回来以后，看了这两句诗，心里很不满意。后因政见不合，王安石上奏朝廷，把苏东坡贬为黄州团练副使。在黄州住了将近一年，到了九月重阳，这一天大风刚停，苏东坡邀请好友陈季常到后园赏菊。只见菊花纷纷落瓣，满地铺金。这时他想起给王安石续诗的事，才知道原来是自己错了。

王安石比苏东坡年长16岁，无论在文学领域还是在官场都是他的前辈。按理说登门道歉并不应该是什么难题。然而苏东坡却为难了。前面说过苏东坡自视甚高，否则也不敢贸然给上级续诗，要他亲自道歉面子上着实过不去。另外，苏、王二人的政见一直不合，王安石作为宰相积极主张变法，而苏东坡虽然年轻，却比较守旧，对王安石的新法颇有微词。思量再三，苏东坡找来了王安石的诗友王令来家里做客。二人谈话间苏东坡提到了改诗一事，说道："我深感愧疚，现在更是领会了相爷贬我到此的深意，原来是要我看这会落的菊花。看来做人真是不可以自恃聪明啊！"

后来王令将苏东坡间接的歉意转告给了王安石，而王安石也谅解了他。

现代生活中也不乏这样的例子，有人明知道自己错了，也想向对方表示歉意，然而由于自尊心太强，面子太薄，不好意思当面道歉，或者另有原因不便亲自道歉，巧妙地借助中间人表示自己的歉意。有时候这样反而会有意料不到的好效果。当然，错误有很多种，道歉的方式也有很多种。有人把道歉当作耻辱，其实非也。不管多厉害的人物都会犯错，犯错就免不了要道歉。丘吉尔起初对杜鲁门的印象很坏，对他的评价几乎都是负面的。但后来他告诉杜鲁门自己以前低估了他——这句话是以道歉方式做出的赞誉。

道歉的话一定要说得真诚，还要堂堂正正，不必奴颜婢膝。知错就改，这是值得尊敬的事。大多时候，应该道歉就马上道歉，越耽搁就越难启齿，蒙混过关的想法千万不要有，就算你自己忘了，别人可不见得会忘。还是抓住时机及时道歉为好。相反，你如果没有错，也不要为了息事宁人而认错。

道歉不是简单的"对不起"。有些人以为，只要说声"对不起"，就是道歉，事实上完全不是这样。太多时候我们听到一些官腔式的、模糊的道歉语句，但是却感受不到道歉的诚意。道歉的重点在于：发出清楚、直接、诚恳的道歉讯息。

05　鼓励别人时，如何激发他人斗志

很多年以前有个青年住在伦敦，想成为作家。但是看来一切都不如愿。他至多读过五年书。他与其他两位朋友住在顶楼一间屋里。这位青年不相信自己的才能，怕别人知道后嘲笑他，所以他经常在夜深人静时邮寄自己的手稿，他的稿子被退回来了几次。最后，值得庆幸的一天终于来到了，他的一篇小说被编辑认可了。是的，年轻作家没有得到一个先令，只得到出版者的夸奖，说他是天才。这位青年如此激动，含着热泪在马路上走了半天。鼓励和承认改变了他的生活道路，也许你听过他的名字，他就是查尔斯·狄更斯。

林清玄当记者时曾写过一篇关于一个小偷的报道，因折服于那个小偷"高超"的偷技，他在文章的结尾写了这样几句话：像心思如此细密、手法那么灵巧、风格这样独特的小偷，做任何一行都会有所成就的吧！令林清玄没有想到的是，那位具有"高超"

偷技的小偷竟然也看到了这篇报道，由于林清玄那几句话的鼓励，从那以后，小偷金盆洗手，多年后，那个小偷经过艰苦创业，成了一名成功的商人。

每个人都需要别人的鼓励。有时候，这个需要甚至会到热切饥渴的地步。鼓励能建立希望，一个懂得鼓励别人的人，不但可以帮助别人，自己也能享受助人的喜悦。甚至可以这么说，一个及时的鼓励，可以成为救命的绳索。

那么，怎么把鼓励的话巧妙地说到点子上去呢？首先，予以支持。你要留心观察你生活周遭的人的大小优点，找机会去称赞他的贡献，可以只是打一通电话，或是写一张感谢卡，告诉他你很欣赏他，很感激他所付出的心力。他会因为你鼓励的话语，更加上进。

其次，带着希望。鼓励的艺术的最高境界会带给人新的希望，当一个人心情落到谷底时，只要有人对他说："你一定可以渡过难关的。"或者说一句："我相信你可以做得到。"等等，都能给予人坚持下去的希望。

再次，给个好名声。莎士比亚说："假如你没有一种德行，就假装你有吧！"更为有效的是，公开的假设或宣称他已经有了你希望他拥有的那种德行。给人一个好的名声，让这作为他努力的方向，他就会痛改前非，努力向上，而且拼命也不愿意让你看到你对他的期望破灭。

里德·派克是一家大型食品公司的业务员，他对公司新的系列产品感到非常兴奋；然而，令派克感到很沮丧的是，一家大型食品市场的经理取消了产品陈列的机会。在把这件事情考虑了一整天后，派克决定下午回家前再去试试。

他找到经理加尔说："加尔先生，我今天早上走时，还没有真正让你了解到我们最新系列的产品，如果你能给我些时间，我很想为你介绍我漏掉的几点。我非常敬重你有听人讲话的雅量，而且非常宽容，当事实需要你改变时，你会坚决改变你的决定。"

试想，如果你是加尔，能拒绝派克的谈话吗？在这些美誉下，他是很难按他原来的想法做的。所以，最终派克成功地说服了加尔。

06　感谢别人时，如何传递感激之情

金×在下班回家的路上百思不得其解，为什么多年的好友黄×对自己越来越冷淡。金×和黄×从小学开始就是同班同学，直到大学毕业都在同一所学校。中学时，二人一个是班长，一个是团支书，共同配合班主任把班级工作搞得井井有条。同学们都说他们是黄金组合、最佳搭档。即使工作了，他俩因为住得很近也是经常见面。但是在最近的一次中学同学聚会上，金×发现黄×和多年未见的老同学们有说有笑，甚至对有些相互已经不大认得出来的同学也是十分热情。偏偏对自己——这个二十年交情的朋友很是疏远。

回到家里金×给另一个老朋友陆×打了个电话，对他抱怨黄×对自己爱理不理的态度。没想到陆×却说："其实我早就想提醒你，可又不知道该怎么说。既然事情已经这样了，那我就直说了。我认识你们也不是一天两天了，你们的关系我知道。你想想这半年来黄×帮了你不少忙，你怎么连一点表示都没有？"

"这么多年的朋友了，还用得着这么客气吗……""这不是

客气，这是做人的道理。不错，这么多年的朋友，不需要你物质上表示什么，但是几句感谢的话你还不会说吗？"说到这里陆×有些气愤，竟然把电话挂了。

放下电话，金×沉思良久。周末，金×请了包括黄×在内的几位老朋友在一家老字号饭店聚餐，大家从最近的工作聊起，又一路聊到读书时的趣闻，气氛渐渐热烈起来，其间一位朋友又提到了"黄金组合"。金×看时候已到，端起酒杯说："这杯酒，敬我的老朋友黄×，特别感谢他这么多年在各方面对我的关心和帮助。谢谢！希望我们'黄金组合'永远是最好的搭档。我先干为敬。"说着就喝完了一杯酒。黄×听了这话站起来，也喝干了一杯酒，说道："老朋友还客气什么。"二人再次落座之后，原本比较沉默的黄×话也多了起来。酒宴过后，二人又同往日一样亲近了，送走了其他好友，二人结伴，一道回家。

有些人总是以为，熟到不能再熟的朋友说"谢"反而显得见外。其实不然，无论多深厚的友谊也是需要细心维护的。好朋友之间的微妙关系有时候处理起来可能更难。对待给予我们帮助和关心的朋友，不但要心怀感激之情，更要把这种感激之情表达出来。可能朋友需要的就是你几句简单的感谢。金×是个聪明人，他不但选择了一家老字号的饭店来暗示自己和黄×多年的友谊，还请来了几位老朋友作陪客——其实他们都知道这次的主角是金×和黄×。酒酣耳热之时，在朋友的欢声笑语间，金×又在大家面前表达了对黄×的感谢。金×选对了说话的地点和时机，终于冲破了这段友谊的瓶颈。

07　安慰别人时,如何鼓励而不伤他人自尊

当朋友遇到不幸时,有些人往往不能做出恰当得体的反应。我们常常说些朋友根本不想听的话,或者在朋友需要时我们却避而远之;或者虽然前去看望却总是避开敏感话题。那么,当朋友身遭不幸时,怎样才能使言词表达做到恰当得体呢?

最需要注意的是,切忌不可有过度对他人怜悯和同情的表现。安慰他人时应该语气低沉但又不乏力量,尽量不当面说"可怜""太惨"等词语。怜悯的话语,只会令人更加悲伤,而且把"可怜""太惨"等词挂在嘴边,仿佛在欣赏和品味对方的痛苦。对于有强烈事业心和自尊心的人,无论是真正的男子汉还是女强人乃至有志气的少年,不管其处境多么不幸,怜悯都是一种变相的侮辱,只会刺伤他们的自尊心,激起他们的反感。对于老幼病残者,单纯的怜悯也只能促使他们沉溺于悲痛和绝望的深渊而无法自拔,更

谈不上振作精神，坚强起来，向不合理、不公平的待遇和不幸的命运抗争。以下简单阐述一些针对不同对象的安慰技巧：

(1) 受人歧视者

对于因各种身体缺陷或因出身门第受人歧视的不幸者，劝慰时应多讲些有类似情况的名人模范事迹，鼓励他不向命运屈服，抵制宿命论的思想影响，使他坚信只要充分发挥主观能动作用，就能争取到人生的幸福，实现自身的价值。

(2) 事业受挫者

对于胸怀大志而又在事业上屡遭挫折和失败的不幸者，最需要的是对其强烈事业心的充分理解和支持。对于他们，理解应多于抚慰，鼓励应多于同情，怜悯是变相的侮辱，敬慕才是志同道合。不必劝慰对方忘掉忧愁、痛苦，更不要说服对方随波逐流，放弃他的理想、追求。最好的安慰就是帮助对方总结经验教训，分析面临的诸多利弊，克服灰心丧气的情绪，树立必胜的信念，共同探讨到达事业顶峰的光明之路。

某公司有个网络工程师，花了很长时间在软件上创新，结果人熬瘦了，还没成功。他面临失败，不免懊恼。这时，走过来一个同事，拍拍他肩膀说："看你眼睛都熬红了，算了吧，有这个闲心，还不如回家休息休息！"这番话初听起来，似乎在安慰，但细听却不是滋味，伤人自尊。这种安慰像一盆冷水，给人的不是鼓励，而是冷漠。

（3）失去亲友者

当人们失去亲人时，心情悲痛，最需要别人的抚慰。安慰丧亲的不幸者，不要急于劝阻对方的恸哭。强烈的悲痛如巨石积压在心头，愈久愈重，不吐不快，让其发泄、释放出来，反而如释重负，有利于较快恢复心理平衡的状态。

另外，在现实的生活中，有些所谓的安慰话更会给被安慰者增添痛苦和烦恼，还不如不说为好。

安慰话有时候说得不好，反而会激怒对方，适得其反。要使安慰产生好的效果，没有副作用，掌握安慰的策略和尺度，注意分寸和方法，是不容忽视的，否则就会事与愿违。以下归纳几种不恰当的安慰话，以使大家引以为戒。

①揭人短的安慰。一位学生数学成绩不理想，他的同桌就直截了当地说："你难过什么，你的化学可能会比这更差，忘了它，去做化学吧，后天就要考化学了。"

这位说话者的原意是要他忘却，但这种揭伤疤的不适方式更会刺痛对方的心，安慰反而成了触发对方更大忧虑的源泉。

②为人添愁的安慰。一位中年人在单位体检时发现肺上有阴影，医生嘱咐他去复查，当他把这个情况告诉周围同事时，有的说："我们小区里有一个人，开始也是这种情况，后来查出是绝症，你要正确对待啊，别忙工作了，快去医院吧！"这种过于实在的安慰，纵然有关切之心，但如此类比，被安慰者反而更加忧虑了。

某单位里一位中年妇女的抽屉被撬了,正好前几天有人也发生过类似的事情,她的朋友就信口开河地说:"过二要过三,当心家里也被盗!"我们暂且从好的方面来看,这位女友的本意是要她提高警惕,但这种没有根据的假设,弄得这位妇女离家时总是提心吊胆的,惶惶不可终日。

③使人懊恼的安慰。有个人不慎遗失钱包,里面还有四百多元钱,公司里的同事开玩笑说:"还好,你仅仅丢掉了半条裙子。"这种把懊恼象征化的说法,别人听了只会心中大为不快而已,根本起不到安慰、抚平他人伤痛的作用。

④令人不堪的安慰。一位文学爱好者写了几篇小说,这一次又被某杂志社退了回来,女友劝慰说:"这次比以前铅印的退稿函好多了,以后再努力吧。"这种说法勾起这位文学爱好者过往的失败所带来的沮丧情绪,觉得自己不是这块料。需注意的是,劝慰不能同过去的不幸联系起来。安慰他人的话如果说的得体,不仅别人听了觉得温暖,而且自己的心灵也会得到净化。安慰不幸的朋友时,通常使用的问话是:"你感觉好些吗?""我可以为你做点什么呢?"让对方的心中感到你在关心他。

人和人之间交往,常常会遇到需要相互安慰的时候,在安慰别人时,如果有意将自己"降"到一个不如对方的"低位置"上,就有可能收到引发共鸣同时又不乏黑色幽默的表达效果。

在美国无线电广播中,有一个叫安东尼的人向专题节目的导演诉苦，说他太太总是跟他过不去，让他感觉处境难堪，内心难受。导演听罢，这样安慰他："你想想我的处境吧，我最要好的朋友跟我太太一起跑了，他们已经跑了一个多月了。安东尼先生，你想想我会有多难受啊！"

这位导演的聪明之处在于，他把自己放在不如对方的低位上，这种境遇上的降格，就使得对方在"人比人"的时候变得轻松了。那位安东尼听了定会哑然失笑，心情彻底放松，因为毕竟还有"不如"他的人在！对别人是如此，对自己也可以如法炮制。

08　遭遇窘境时，如何利用自嘲化解

1800年，约翰·亚当斯在竞选总统时，有个共和党人煞有介事地指控他曾经委派竞选伙伴平尼克将军到英国去挑选四个美女做情妇，两个给平尼克，两个留给自己。

这种桃色新闻对于政坛要人来说往往是一种致命的打击，弄不好就会身败名裂。所有人都在等着亚当斯反驳。然而亚当斯却没有急于申辩和澄清。

他故作惊讶地说道："假如真有这样的事，那平尼克将军一定瞒过了我，全部独吞了。"在场的人听了无不捧腹大笑。

一次，李肇星出使智利参加两国外交部政治磋商。按照惯例，会谈结束要互赠礼物。李肇星把从中国带来的礼品——仿青铜工艺品"马踏飞燕"郑重地交给对方时，意想不到的事情发生了。因为按照西方的习惯，受礼人要当着赠礼人的面将礼品打开，然后赞扬、致谢。可当智利外长打开精美的古色古香的包装盒时，

包装盒内的骏马不是踏着飞燕，而是躺在飞燕的旁边！显然，礼物可能在运输途中散架了。现场的气氛顿时凝固了。

如何应对这种"国际性"的尴尬呢？李肇星迅速做出了反应。只见他不慌不忙，从盒子里把骏马和飞燕拿出来，亲切地对智利外长说："这是我国2000多年前的文物，十分珍贵。"他边说边把骏马与飞燕对接好，微笑地对他说："你看，这骏马奔腾的姿势，这矫燕飞翔的动作，是多么地生动、逼真，2000多年前人类就有这么高超的艺术水平、这么先进的铸造技术，就连今人也会自叹不如。"气氛开始缓和，在场的中方代表也为之松了口气。为了把尴尬化解得更圆满，李肇星又接着说："古人也有考虑不周的地方，骏马与燕子结合的地方，做得不够结实，不过也不能责怪他们，他们哪里会想到，我们会万里迢迢把它带到大洋彼岸，送给我们最好的智利朋友呢？"李肇星这一段机智的妙语将原本凝固的气氛化解了，会客厅里洋溢着欢快的笑声。

在社交中难免会被对方抓住空挡，乘虚而入。甚至常常有人故意刁难，让你陷于窘境。即便是一派祥和中也会有难以预料的情况发生。

一般有经验的人在经过长期的社交实践之后，都具有沉着、机智摆脱窘境的特殊才能。他们在即将或已处于困难的条件下，知道首先要沉着冷静，并以这种态度去调整心态，使自己处于应变状态。

亚当斯轻松幽默地采取了自嘲的方式把一场风波化于无形，如果他立刻否认则说服力不够，因为以他的权势是有能力做到这样的事的，急于否认的态度反而更会引起听众的猜疑。于是亚当斯既不否定也不肯定，而是恰到好处地开了这样一个玩笑。李肇星不愧是一位出色的外交家，将错就错化解了这个外交难题。不论采用哪种方法都表现了说话者在窘境中随机应变的高超的社交技巧。练好这个本事，在面对社交场合的突发事件时就不必担心了。

09　需要插话时，如何掌握恰当时机

在一次朋友间的小型聚会上，刘某成了最不受欢迎的人。整整几周他都在为自己说了不该说的话而懊恼。在这次聚会上，大家请一位刚刚从桂林旅游回来的朋友讲讲这次游历的见闻。这位朋友打开了话匣子，兴致勃勃、滔滔不绝地讲起了一路上所见的奇景趣闻，大家也是听得津津有味。偏偏不久前刘某也去了桂林，听了这位朋友的描述，忍不住也插起话来。一会问某某景点你去看了没有，一会又说其实也就那么回事，没什么意思。总之频频打断朋友的叙述，几次之后朋友感到兴味索然，突然紧紧闭上了嘴，面色阴沉，不发一言。大家也正在为刘某的行为不满，见这位朋友不说了，纷纷对刘某怒目而视。心里都在想：现在没人说了，你自己说个够吧。可这时刘某只感到不知所措，却一句话都说不出来了，左一眼右一眼地打量着大家。最终这场聚会不欢而散。

公司里一个重要的会议正在召开，老板正在对上一年度的工作进行总结。因为多种原因，上一年只是勉强维持了不赔不赚的局面。说着说着本来就有些烦躁的老板语气越来越严厉。所有与会人员都默不作声，这时一位几个月前被提拔上来的经理不适时地开了个玩笑。正有一肚子火无从发泄的老板找到了出气筒，顿时大发雷霆："谁让你说话的？我让你说话了吗？你有什么资格插嘴？你给我出去！"这位经理被这一串突如其来的连珠炮轰得哑口无言。其实公司的同事都知道他喜欢开玩笑，而且还经常能在繁忙的工作中插几句玩笑话帮大家驱赶疲劳。听了老板的训斥，这位经理有些不满："公司效益不好又不是我一个人的责任，跟我发脾气有什么用？"说完竟然摔门而去。不用说第二天他就被撤去了经理职务。

上面说的这二位都没有掌握好插话的时机，以至于给自己惹出了麻烦。其实，在交谈中插话是必不可少的，否则交谈就变成了独白。但是在什么时候插话，在什么场合下插什么样的话可是大有讲究。当朋友正在无比兴奋地陈述自己的观点时，最好不要插话。如果想发表自己的不同意见最好等朋友全部说完。或者这时你不妨附和他一下，以便你提出反对意见时他能较容易接受。否则的话，像刘某一样，朋友每说几句他就要插话，打断了朋友的思路，是非常不礼貌的表现。而且也使自己显得素质低下。

不管怎么说朋友之间的矛盾还是比较容易解决的，但在职场上可就不同了。一旦上司看你不顺眼了，除非你辞职不干，否则难有翻身的余地。老板是公司里的权威，不管脾气多么好的老板，在当众讲话时被随意打断都不会有好脸色，他会觉得你侵犯了他的尊严，尤其是在盛怒之下。在这种情况下要特别注意察言观色，俗话说"出门看天色，说话看脸色"，就是这个道理。如果你确实觉得老板说话有失公允，也要等他心平气和了再跟他私下里沟通，只有这样才能达到你预期的效果。

10 日常相处中，为何要避免"马后炮"

老赵在公司已经十年了，工作很卖力，却迟迟得不到晋升，眼看着业绩不如自己的同事加薪升职，很是困惑。一个周末，老赵和朋友老王下象棋，不多时老赵的一招马后炮就将死了老王。老王认输后，一边重摆棋子一边对得意扬扬的老赵说："老赵啊，你这招马后炮用得很妙啊。不过工作中常放'马后炮'可就大大不妙了。"平心而论，老赵的工作确实完成得十分出色，就是有一个致命的缺点——不会说话，常放"马后炮"。

每当同事工作上出现了什么纰漏时，老赵总是以元老的口气说："看看，我说什么来着，我早就说这样不行吧。"或者"早就告诉过你，你不听，现在后悔了吧，晚了。"对待新同事老赵尤其如此。这样的说话方式，经常使得本来就因为工作失误而沮丧的同事心情更加恶劣，并且还会影响整个办公室的气氛。更糟糕的是老赵并不是在事前提醒同事要注意，而是只习惯性地说风凉话。大家十分厌恶他这一点。久而久之，上司也知道了他这个毛病，以至于一次又一次地把升迁的机会给了其他员工，却完全忽略了老赵。

马后炮是棋局上的一记杀招，炮打直线，马飞两边，往往一招制胜。老赵正是惯用此招的好手。可是棋局上得意的老赵职场上却只能失意，对敌的撒手锏却成了对己的拦路虎。老赵惯于放"马后炮"，于是只能吃"眼前亏"。为什么老赵不在同事出现错误之前及时提醒呢，道理很简单——以别人的失误衬托自己的成功。这种做法本来就显得没有器量，很惹人厌，而每次在事后他还不忘讽刺、挖苦几句，这更令人难以忍受。若不是因为他资格较老，早就被扫地出门了。

11　不便明说时，如何用双关点醒他人

嵇康是魏晋时期极有声望的名士，钟会久闻其名，带了大批车马前去拜访。钟会是钟繇的儿子，钟繇是汉魏时期的名人，以书法为人熟知，不过他大官的身份却常常被今人忽略。钟繇汉末就做相国，曹魏的时候又被封侯，最后官至太傅，位在三公（太尉、司徒、司空）之上，实在是大到不能再大的官。父亲做曹魏的大官，儿子钟会却想帮着司马氏篡曹魏的国，这样的人在古代叫作不忠，是最为恶劣的一种品质。

嵇康的另一个身份是曹操的孙女婿，无论从哪个方面来说都懒得理会钟会，只是埋头和向秀打铁。钟会虽然感到难堪，众目睽睽之下也不便当场发作，只得拨马而回。不料这时嵇康停止打铁，问了一句："何所闻而来，何所见而去？"言语间满是蔑视与鄙夷。钟会虽然是个小人，却也有着小人式的智慧，当即答道："闻所闻而来，见所见而去。"二人一问一答听似充满禅意玄机，实则剑拔

弩张。不久之后，钟会果然找机会借司马氏的手除掉了嵇康。

北宋宰相王安石有一幼子，年纪虽小却十分机敏。一次一位客人指着笼子里的一獐一鹿问他哪头是獐哪头是鹿。王元泽不假思索张口答道："鹿旁的是獐，獐旁的是鹿。"客人见他回答得如此机智，不禁赞不绝口。

在很多时候并不是把话说得越透彻就越有效，往往话语中的隐含内容更具杀伤力。嵇康对钟会的提问在暗示：你根本是个小人，司马氏的走狗，品格如此低下，我怎么能与你为伍呢？从我今天的态度你应该能看出来我完全看不起你吧？所以以后就不要来骚扰我了。钟会也是个聪明人，立即针锋相对：你嵇康是什么样的人我今天看得一清二楚，你让我难堪我也不会放过你。既然你敬酒不吃吃罚酒，也别怪我不客气了。嵇康当然也不会不明白他的意思，只是嵇康实在太傲气，不善保全自己。

在现代生活中我们也常常会听到一些表面上风平浪静，实际上却暗流汹涌的话。如果你不能准确理解这些已经说到点子上的话，就有被暗流卷走的危险。

大家总是觉得把话说得清楚总比说得模糊要好，其实有时候模糊的话更能说到点子上。以王元泽的年纪可能未必能够区分獐和鹿，可是既不想承认自己不知道，更不愿意乱指一气。于是就采用了这个模糊的说法。万无一失，保证没错。人不能无所不知，在生活工作中我们难免会遇到不懂的事，真诚坦白是一种好品质。可是有时候完完全全的真诚坦白会让你失去应得的机会。所以此时不妨把话说得模糊一点。比如说老板打算交给你一项任务，如果能出色完成，薪水就可以有较大幅度的提高。你并没有把握做好，但是你是愿意告诉老板"我干不了"，还是给他一个不是那么明确的答案，然后尽最大的努力去做呢？相信聪明人都会这样说："好的，我会尽全力去做的。"这样说，既把握了机会又给自己留有余地。

12　赞美他人时，如何让好话更突出

在金庸的长篇武侠小说《鹿鼎记》里有这样一段小故事：湖州归安县知县吴芝荣因贪污被革职，不但赃款全部被缴，而且为了保命，打通上下关系的钱也花了无数，弄得倾家荡产，无以为生，只能到湖州各富豪的家里打秋风。这一天他来到庄允城家里要几两银子度日。这位庄允城是湖州数一数二的富翁，但是看不起吴芝荣这样的小人，不打算给他分文。没想到却被吴芝荣略施小计，弄到了价值几百两白银的金叶子。原来庄允城有一个死了的长子叫庄廷鑨，庄廷鑨读书过分用功导致双目失明，但却不甘这样了此一生，于是召集大批文人学士，重新编撰了一部《明书辑略》。书成不久即病逝。吴芝荣正是从这部《明书辑略》下手，大发赞美之词，打动了庄允城。首先，他杜撰出湖州之宝：史、丝、笔，蚕丝和毛笔是湖州的特产，天下知名。吴芝荣把庄廷鑨主编的史书《明书辑略》和它们列在一起，并且排在第一位，很得庄

允城欢心。然后又一口一个"令郎亲笔所撰",激起庄允城对亡子的思念,听到有人如此称赞儿子编撰的史书,尽管知道这部明史并不是儿子亲手写就的,但心里还是感到很安慰。于是大把的金叶子就送了出去。

赞美的话要说在别人得意的事情上才算是说到点子上。平平无奇的赞美不能让人心动,因为他听得太多了,麻木了。

说赞美的话时,不妨使用"不但……而且……"的句型。比如称赞一位小说家,你说他的小说写得好就毫无新意,因为那是他的本行,不然怎能称得上是小说家。他的这个能力已经不知被多少人赞美过了,也许研究的文章都发表了几百篇了。你再说就是陈词滥调,会让被称赞的人产生"审美疲劳",从而无动于衷,而且大有溜须拍马的嫌疑。然而你可以说他"不但小说写得一流,诗歌写得也是绝佳。"或许这个说法还没有人提出来过,而他也希望大家发现他在诗歌上的造诣。他听了觉得很新鲜,很高兴,那么你赞美的话就说到了点子上。

还可以用转折句型"虽然……但是……",先说出一个人的缺点,紧接着"转折"出他的优点。这样可以使他的优点更显突出,而别人听了你的赞美也会把注意力转移到他的优点上来。无论如何,受到这样赞美的人总是会对你心怀好感的。

13　日常寒暄时，如何加深彼此关系

　　某甲是一个工作认真负责的人，参加工作以来从未出过差错，但是薪水和他的工作状况一样，非常稳定。有一天，他又出色地完成了主管布置下来的一项任务后，上一级领导觉得非常满意，于是询问是什么人能把工作做得这么到位。主管回答是某甲。领导听了称赞道："你干得不错嘛，又招了一个这么能干的新员工。"主管据实回答是老员工了。"怎么从没听说过这个人？"领导不禁大为奇怪。

　　原来某甲心高气傲，平时只是做好本职工作，在其他场合与同事领导都少有交流。即便是领导来检查工作，他也是埋头苦干，在单位里见了上级，能避开就避开，实在避不开也就是略一点头，小声打个招呼。上级和同事们都觉得他很孤僻，难以交往。所幸某甲的工作向来完成得很好，倒也没人挑他的毛病。当然，想得到领导的赏识也是不可能的。所以，尽管某甲工作如此出色，名字

却从未入领导之耳。究其原委,某甲内心深处总是觉得跟领导交往过密有溜须拍马的嫌疑,不如干脆连打招呼的话也省了。

一般熟人之间见面都会打个招呼,寒暄几句。即便是对不太熟的人,为了彼此关系的融洽,也会简单说上一两句。可能有人会觉得打招呼净是说一些废话,或者打招呼不用太在意说什么话,只要让对方知道"我看见你了"就行。其实不然,打招呼也是一种学问,而且还是一门不小的学问。打招呼、寒暄还要因对象、时间、地点的不同而改变。

寒暄其实是一种初级的交流,虽然是初级但是却是基础中的基础,如果一个人不能做到很好地和人寒暄、打招呼,那么他至少欠缺和人深度交流的能力。

上面故事里的某甲正是因为不善于打招呼,难以被领导注意,当然也就难以被重视了。

如果你跟对方不熟,从简单的寒暄中你可以获得简单信息,比如他今天的心情、他最近的状况,从而能够从中迅速找到共同的话题,打开局面。尤其在你因工作需要必须和一个完全陌生的人交谈的时候,适度的寒暄更为重要。向老朋友打招呼当然可以随便一些,但是随便绝不等于怠慢、不重视。朋友之间交往有必要让对方感到你在关心他,关注他,你很重视他的存在。这是最简便易行的交流方式。如果你太忙没时间和朋友们聚在一起,那么很好地打招呼就是你表达友好、热情的最佳手段。关键是要突出一点：你在乎他们。

别人工作忙时，你打个招呼离开就可以了，万万不可说起来没完，问东问西的。这样不但会让人觉得你没有礼貌，更可能给人留下爱打听他人闲事的恶劣印象。

与多人打招呼时要注意兼顾原则；与长辈、领导打招呼时要表示出尊敬；在公共场所打招呼时音量要适中，不影响他人。当然，更多的细节问题还需要在生活中慢慢领会。

14 做出承诺时,如何把握好分寸

某高校一位系主任,向本系的青年教师许诺说,要让他们中三分之二的人评上中级职称。但当他向学校申报时,却出了问题,学校不能给他那么多的名额。他据理力争,跑得腰疼腿酸,说得口干舌燥,还是不能解决问题。他又不愿意把情况告诉系里的教师,只对他们说:"放心,放心,我既然答应了,就一定要做到。"

最后,职称评定情况公布了,众人大失所望,把他说得一钱不值。甚至有人当面指着他说:"主任,我的中级职称呢?你答应的呀!"

而校领导也批评他是"本位主义"。从此,他不但在系里信誉扫地,而且在校领导跟前失去了好感。

给人承诺时,不要把话说得太满,以为天下没有办不成的事,那很容易给人留下虚伪的印象。事物总是发展变化的,你原来可以轻松地做到的事可能会因为时间的推移、环境的变化而有一定

的难度。如果你轻易承诺下来，会给自己以后的行动增加困难，对方会因为你现在的承诺而导致将来的失望。所以，即使是自己能办的事，也不要轻易承诺，不然一旦遇上某种变故，让本来能办成的事没能办成，这样一来，你在别人眼里就成了一个言而无信的伪君子。

如果你对情况把握不大，就应该把话说得灵活一些，使之有伸缩的余地。例如，使用"尽力而为""尽最大努力""尽可能"等具有较大灵活性的字眼。这种承诺能给自己留一定的回旋余地。有些事情，当时的情况允许，可是由于时间长了，情况会发生变化。那么，你在承诺时可以采用延缓时间的办法，即把兑现承诺的时间说长一点，给自己留下为兑现承诺创造条件的余地。如果你所做的承诺不能自己单独完成，还要求别人帮忙，那么你在承诺中可带一定的限制。

当对方没有得到你的承诺时，他不会心存希望，更不会毫无价值地焦急等待，自然也不会失望。相反，你若承诺，无疑在他心里播种下希望，此时，他可能拒绝外界的其他诱惑，一心指望你的承诺得以兑现，结果你很可能毁灭他已经制定的美好计划，或者使他延误寻求其他外援的时机，一旦你给他的希望落空，那将会扼杀他的希望。

更糟糕的是，如此一来，你的形象会大跌，别人因你不能信守承诺而不相信你了，别人也不再愿与你共事，不愿再与你打交道，那么，你只能孤军奋战。有些人在生活或工作上经常不负责，许下各种承诺，而不能兑现承诺，结果给别人留下恶劣的印象。如果承诺某种事，就必须办到，如果你办不到，或不愿去办，就不要答应别人。

　　因此，我们在工作中不要轻率许诺，许诺时不要斩钉截铁地拍胸脯，应留有一定的余地。当然，这种留有余地不是给自己不作努力寻找理由，还是要竭尽全力去实现诺言。

15　批评人时，如何让人接受而不伤关系

（1）把恭维掺杂在批评之中

当听到别人对我们的某些长处表示赞美之后，再听到他们的批评，心里往往会好受得多。批评需要营造适宜的氛围，在冷冰冰的气氛里很难收到良好的效果。如果我们把批评和赞美结合起来，在批评之前先表示对对方某一长处的赞赏，肯定对方的价值，满足其某种心理需要，那么就能够制造出较好的气氛，一方面削弱批评本身让人难以接受的程度，另一方面也使被批评者不至于产生逆反心理。

美国总统卡尔文·柯立芝任职期间，在一个周末，曾对他的女秘书说："你穿的这套衣服很漂亮，你是一个很有魅力的女子。"柯立芝生性比较沉默寡言，这大概是他有生以来对一位秘书最热情的赞辞。这赞辞让那位秘书很意外，使她不知所措。柯立芝接着说："好啦，别愣在那儿，我这样说只是让你高兴。从现在起，

我希望你对标点符号再注意点。"

柯立芝抓住年轻的女秘书爱慕虚荣、好面子的心理，没有直接对她提出批评，以免刺伤她的自尊心，而是采用欲抑先扬的手法，先赞赏女秘书的魅力，使她女性特有的虚荣心得到很大满足，然后在此基础上提出批评。这样一来，女秘书一方面获得了心理上的满足，一方面又没有因批评而丢面子，这样的批评也就更容易让她接受了。

把恭维掺杂在批评之中，有两种方法：

①先夸奖再批评。麦金莱1896年竞选美国总统时，共和党有一位重要人物替麦金莱写了一篇竞选演说稿，他自以为写得高明，便大声地念给麦金莱听。可是，麦金莱听后，却觉得有些观点很不妥当，可能会引起激烈的批评。显然，这篇讲稿不能用。但是，麦金莱并没有直接指出这篇演说辞的不足。他说："我的朋友，这是一篇精彩而有力的演说稿。我听了很兴奋。在许多场合中，这些话都可以说是完全正确的。不过用在目前这种特殊的场合，是不是也合适呢？我不能不以我的观点来考虑它将带来的影响。请你根据我的提示再写一篇演说稿吧，然后送给我一份副本，怎么样？"那个重要的人物很高兴照办了。最后，麦金莱依靠这篇演说稿为自己拉了不少选票。

②两头赞扬，中间批评。欧美一些企业家主张使用"三明治"批评方法，即在批评别人时，先找出对方的长处赞美一番，然后

再提出批评，而且力图使谈话在友好的气氛中结束，同时再使用一些赞扬的词语。这种两头赞扬、中间批评的方式，很像三明治这种中间夹馅儿的食品，故以此为名。

　　用这种方式处理问题，对方可能不会太难为情，减少了因被激怒而引起的冲突。这种方法在很多情况下是比较有效的，其优点就在于由于批评者讲对方的长处，起到了替对方辩护的作用。对方的能力、为人、工作是否努力等方面，有很多可以肯定的地方，批评者如果视而不见，对方可能会觉得不公平，认为自己多方面的成绩或长期的努力没有得到应有的重视，而一次失误就被抓住，可能会认为对方专门和自己作对。而批评者首先赞扬对方，就是为了避免有可能造成的误会，表明领导对下属工作的承认，使下属知道批评是针对具体事而不是对人的，自然也就放弃了用激动的辩解来维护自尊心的做法。

　　我国在援建某国一大型运动场时遇到了停电的问题，难以按期完工。工程队负责外事的黎晓女士便找到该国电力委员会经理高迪卡，谁知对方百般推诿此事。碰钉子后，黎晓决定智取，她先设宴款待高迪卡，不断以外交辞令夸赞他"颇有才干"，感谢他的"支持与合作卓有成效"。

　　正当对方喜不自禁时，她话锋一转，以调侃的语调说："高迪卡先生，您是这个项目的总负责人。我们如果不能按期完工，虽然经济上受损失，可是对您的影响恐怕更大了。贵国运动会不能如期召开,那么,您的领导职位也就有可能不保。"此言在软硬夹攻中点明了要害,立即引起对方的重视。高迪卡只得笑道:"不会误期的,不会。"工地上很快就恢复了供电。

黎晓打动对方的正是那先赞美后"将军"的套路,从而显示出话语的分量来,对方又怎能不予以重视呢!

(2) 暗示比直接的批评更有效

当面指责别人,会造成对方顽强地反抗;而巧妙地暗示,对方则会真诚地改正错误。美国百货业之父华纳梅克每天都到费城他的大商店去巡视一遍。有一次他看见一位顾客站在柜台前等待,没有一个人对她稍加注意。那些售货员在柜台远处的另一头扎堆,彼此有说有笑。华纳梅克不说一句话,默默地站到柜台后面,亲自招呼那位女顾客,然后把货品交给售货员包装,接着他就走开了。这件事让售货员感触颇深,及时改正了自己的服务态度。

官员们常被批评不接待民众。他们非常忙碌,但有时候,是由于助理们过度的保护,为了不使官员见太多的访客,才造成沟通不畅。卡尔·兰福特在佛罗里达州奥兰多市当了许多年的市长。他时常告诫他的下属,要让民众来见他。他宣称施行"开门政策",然而他所在社区的民众来拜访他时,都被他的秘书和行政官员挡在门外了。

市长知道这件事后,为了解决这个问题,他把办公室的大门给拆了。从此,这位市长真正做到了"行政公开"。

若要在不惹恼人的前提下改变对方，只要换一种方式，也许就会产生不同的结果。的确，那些直接的批评会令人产生愤怒情绪，而间接地让他们去面对自己的错误，其改正自身言行的效果会更明显。

玛姬·杰女士巧妙地让一群懒惰的建筑工人在帮她盖房子之后清理干净现场的事例颇有说服力。

最初几天，当她下班回家之后，发现满院子都是锯木屑。她不想去跟工人们抗议，因为他们工程做得很好。所以等工人走了之后，她和孩子们便把这些木屑捡起来，并整整齐齐地堆放在角落。次日早晨，她把领班叫到旁边说："我很高兴昨天晚上草地上这么干净，又没有冒犯到邻居。"从那天起，工人每天都把木屑捡起来堆好放在一边，领班也会每天都主动来看看草地的状况。

在美国，后备军和正规军训练人员之间，最大的不同就是理发，后备军人认为他们是老百姓，因此非常痛恨把头发剪短。哈雷·凯塞是陆军第542分校的士官长。当他带领后备军官时，要自己解决这个问题。和以前正规军的士官长一样，他可以向他的部队吼几声或威胁他们，但他不想直接说出他要说的话。

于是他说："各位先生，你们都是领导者，必须为尊重你的人做个榜样。你们该了解军队对理发的规定。我现在也要去理发，而它却比某些人的头发要短得多了。你们可以对着镜子看看，要做个榜样的话，是不是需要理发了，我们会帮你们安排时间到营区理发部理发。"

结果是可以预料的，有几个人自愿到镜子前看了看，然后下午就到理发部按规定理发了。次日早晨，凯塞士官长在集会上说，他已经看到在队伍中有些人已具备了领导者的气质。

听到士官长的赞赏，所有后备军官都主动去理发了。

（3）以体谅的话语结束批评

中国有句古话：以责人之心责己，以恕己之心恕人。意思是说，对自己不妨苛刻，每当自己犯了错，一定要以一种不能容忍的心态反躬自省；而对待别人却不能过严，应该以一种体谅的心态理解对方。

这是一句励志格言，值得我们大力提倡，因为生活中符合这一要求的人毕竟太少了。

人都有利己心理，一旦自身有了过失，总要千方百计为自己寻找借口，实在无法自圆其说时，也会意味深长地来上一句："我也是人啊。"然而当抓住别人的错误时，却立刻忘了"对方也是人"，而代之以"你怎么能这样"的厉声质问。为什么不能把这种区别对待的对象相互换位呢？

有一个女出租车司机在送一名青年到达指定地点后，对方突然掏出尖刀要她把身上的钱全掏出来。这名女司机没有慌张，她冷静地把当天的300元收入递给对方，同时"体谅"地说："今天就挣了这些，要不我把零钱也给你吧。"于是，又翻出20元零钱。那个抢劫者见女司机如此镇定，这么自然，不禁有些发愣。听到女司机提出再送他一程时,他也没有反对。当车上气氛缓和后,女司机很自然地开导对方:"你的心情我能理解。我家原先也很困难,父母常年生病,我和弟弟经常遭别人白眼。一次,弟弟拿了珠宝店一个有钱人的提包,在对方追赶之下,在经过十字路口时不幸滑倒,被一辆大货车碾了过去……我不认为弟弟是个坏人。后来我学驾驶,又借钱买了这辆车。我不信自己就应该受别人冷落,只要自己瞧得起自己,别人的态度不用去计较。"那个青年人一言不发。

"但我不能原谅弟弟的是,他有什么想法从不跟我说,不然他也不会……他的死真不值得。"女司机接着说。

"停车停车。"男青年突然大叫。当车停到道边时,男青年把那320元钱放在女司机旁边的座位上,同时低声说道:"大姐,谢谢你。"然后推门下车,头也不回地走了。

从这名女司机坦然的话语中,你不能不对她那份从容和宽容感到震撼。是的,世界上没有天生的恶人,没有人来到人世就抱着威胁他人的目的。只不过大多数人能够冷静面对自己的先天"劣势",并决心凭自己的力量去加以改变,而有极少数人却产生错觉,将一切不幸归咎到外界,以至犯下不该犯的错误。其实,任何人犯错都是有原因的,只要我们能够站在对方的立场,以宽容的心态去理解和体谅,加以从容面对,往往就能收到强烈谴责所不能达到的效果。

16　面对羞辱时，如何巧妙地正面回应

对于那些公然羞辱人的言语，不论怎样都有一个共同点：说话的人很冲动，而且你被逼得无话可说。但是你不可以被他的一句辱骂感染，变得像他一样失去理智。应付羞辱的基本对策就是保持头脑冷静，这样才能够稳操胜券。下面列举几种对待侮辱性语言的方法：

（1）"你说话之前应该先想想"

"什么人说话之前不先想想呢？"对方这样说，并不是真的提醒你去思考，而是指责你说了令他不悦的话。在这种情况下，你可以试着选用下列方法应付：

①把重点放在时间问题上："嗯，那么'以后'该怎样想好再说呢？"

②接受他的好意："好，我尽力而为就是。不过，我一向习惯在你说话之前先思考。"

③采取幽默的态度,为他抱不平:"可是我想了,你不想,对你不是太不公平了吗?"或"我在这儿想,冷落了你,太失礼了。"

④报以微笑,然后默默不语,如果他不耐烦了,想再说什么,你就打断他:"嘘!我正在想呀。"

(2)"你父母是怎样教你的"

谈话之中突然牵扯到你的父母,这是最令人冒火的事,但是你千万别为父母受了指责而生气,对方与你父母无冤无仇,并不真打算侮辱他们,他的目的是惹你发火。

在这种情况下,你可以试着选用下列方法应付:

①装傻充愣。你说:"我是爷爷奶奶带大的。"

②侧面躲避。你默默想一会儿,再说:"我记不得了,恐怕得麻烦你自己去问他们。"

③正面回击。可以作肯定的答复回敬他:"我只记得一点,那就是不可以问这样没礼貌的问题。"

(3)"我不要跟你这种人讲话"

这样可恶的人决定不和你讲话,是一件你该觉得幸运的事,你就该坦白表示出来。在这种情况下,你可以试着选用下列方法应付:

①"啊,太好了!真是老天有眼。"

②他这句话是对你讲的,你当然可以说:"哦!抱歉,我还以为你是在和我讲话。"

③假装没听见。这是对付这种无礼言辞的另一个有效的方法。

"你说什么?""你是说……?""我没听见,你再说一遍好吗?"不管他是否肯再说,都是他输了。假如他果真糊里糊涂再说一遍,你就以牙还牙:"抱歉,你这种人说的话我听不见。"

(4)"你自以为是什么人"

这样的话是要你对自我认识产生疑问——你为什么说出这种话?在这种情况下,你可以试着选用下列方法应付:

①不要动怒,索性把他的话说清楚:"依你的意思,我要是某某人才够资格和你说话,是吗?"

②谦和一点,请教他:"我倒没想过这个问题,你常常自以为是什么人吗?"

③用开玩笑的方式:"我不大确定,不过我一定算是个人物吧,有不少人给我写信呢。""现在吗?我自以为是受害者。""不管是谁,反正是你没听过的人。"或者干脆指指旁边的人:"我自以为是他,你再问问他自以为是谁。"

(5)"你少来这一套"

这是不太中听的话,即便是当众以不友善的语气对你说了,你也应该礼貌地给予答复。回答的方式不外乎一般的客套话:"不必客气。""请笑纳。"

如果是你说的一句话惹怒了对方,而使他说出这样的话,你觉得他的怒意莫名其妙,你的话可以说重些:"本是你应得的,何必恭维!"

17　面对攻击时，如何避其锋芒

不少时候，人和人之间相互发火，是由互不了解、缺少沟通造成的。这时候得理的一方切不可因对方的错怪而以怒制怒。最好的方式是多加解释、设法沟通或者道歉、劝慰，让对方谅解或达成共识。

一所医院里，病人挤满了候诊室。一个病人排在队伍中，将手上的报纸都看完了也没有挪动一步，于是他怒火万丈，敲着值班室的窗户对值班人员大喊："你们这是什么医院？这么多人排队你们看不见吗？为什么不想办法解决？我下午还有急事呢！"

值班人员面对病人的怒火，耐心解释说："很抱歉，让你等了这么久。是这样的，医生去开刀了，抢救一个危重病人，一时脱不了身。我再打电话问问，看看他还要多久才能出来。谢谢你的耐心等候。"

患者排长队得不到及时诊治，责任并不在那个值班员身上。

但是他理解病人的急切心情，因此，面对病人的错怪，能够沉住气一面解释，一面劝慰。这就比以怒制怒、火上浇油的回答好多了。

（1）用幽默自嘲摆脱尴尬局面

一位作家刚发表一本小说，获得了赞誉之声。另一位作家却不以为然，跑去问他："这本书还不赖，是谁替你写的？"他答道："哦，谢谢你的称赞，不过，是谁替你把它读完了？"幽默地回敬，对"揭短者"是一种有效的应付之道。

妻子、朋友、亲戚有时会开玩笑似地揭你的"短"，弄得你有点下不了台。你默认会觉得窝囊，还口又觉得无趣。

这时，怎样从困境中摆脱出来？不妨运用幽默的语言、滑稽的表情和笑料冲淡尴尬的处境，活跃气氛。这也是语言机智、应变的技巧之一。

显然，设法改变处境比保持沉默要主动，但有一点应当明确，那些"揭短"的人有可能是你的配偶、亲友，你不能采用气愤的话予以还击，而幽默地解嘲是最好的办法。

自嘲运用得好，可以使交谈增添许多亮点。如果用不好，会使对方产生反感，造成交谈障碍。自嘲要审时度势，相机而用，不宜到处乱用。比如，对话答辩、座谈讨论、调查访问等，就不宜使用自嘲。此外，自嘲要避免采取玩世不恭的态度。具有积极态度的自嘲，包含着自嘲者强烈的自尊、自爱。要意识到自嘲不过是当事者采取的一种貌似消极、实为积极的促使交谈向好的方向发展的手段而已。

在对付"揭短"时，尤其要注意：

①尽量不要认为他人别有用心。如果我们神经过敏，对别人的每一句话都琢磨一番潜台词、话外音，那只会自寻烦恼。因为在许多场合，对方往往是脱口而出或即兴联想的玩笑话，根本没想到会伤害你。

②不可反唇相讥。有人听不得半句"重话"，动辄连珠炮似的反讥，常因此挑起唇枪舌剑，使良好的关系破裂。一般说来，开玩笑的人若是得到严肃的回击，脸上常挂不住。所以，我们不能为笑话失去一个朋友，甚至给人留下心胸狭窄的印象。

③遇到他人"揭短"，如果羞怯万分，既不能正常地保持沉默，又不能机智地改变处境，以致失态，那就显得有些"小气"了。而保持泰然自若的风度，暂时把"揭短"抛置一边，寻找别的话题，或点起一支烟，端起一杯茶，转移别人的视线等，才是上上策。

（2）用幽默加以调侃

一位巴黎的剧作家邀请小仲马看他的新剧本的演出。大幕拉开了，戏正在上演。小仲马不断回头，嘴里嘟哝着："一个，两个，三个！""您在干什么？"剧作者纳闷地问。

"我在替您数打瞌睡的人。"过了些日子，小仲马的剧本《茶花女》上演了。上次请小仲马看戏的那位剧作家和小仲马又坐在了一起。演出开始之后，他也不断回头去找，找了半天，终于也找到一个打瞌睡的人。那位朋友欣喜若狂,连忙说:"亲爱的,您的《茶花女》上演,也有人打瞌睡。"

小仲马听了毫不介意,幽默地说:"您不认识这个人吗?他是上次看您的戏时睡着了,至今尚未醒来的人。"

还有一个用幽默加以调侃的事例。

美国总统罗斯福的新政,曾遭受许多政治评论家的攻击和批评,其中以亨利·门肯的批评最为严厉。

有一次在华盛顿格里迪罗俱乐部的大会上,政治人物云集,当然,新闻记者更是里里外外忙个不停。

轮到罗斯福演讲时,他清了清喉咙,对着在座的亨利·门肯笑了笑,说了句开场白:"各位先生女士,我的朋友亨利……"

接下来的演讲内容却让全场听众哗然,尤其是新闻记者,彼此面面相觑,十分惊讶。

罗斯福大肆谩骂美国的新闻界,指出新闻界的记者都十分无知、没有常识,并且愚蠢而自大。在场记者觉得罗斯福简直莫名其妙,怎么好好地骂起人来了,但是再听下去就渐渐地会过意来了。

原来罗斯福所讲的内容是亨利·门肯写的一篇文章《美国新闻界》,这时所有的焦点都对准了满脸通红的亨利。

本来要根据亨利抨击的重点提出问题的记者,这时对他的评论内容起了怀疑,因为他对记者的评论如此离谱,那么对罗斯福的政策抨击又能相信吗?

会后，罗斯福被人推着轮椅离开时，还特别到亨利面前微笑致意，表示出政治家的气度。

原本会遭受各界质询的罗斯福，就这样很轻松地渡过了这一关。当遭受到攻击时，想办法找到对方的弱点，来转移别人的注意力，减轻自己的压力是很有效的防身术。

（3）保持平静，不作攻击

当别人确实侵犯到你时，你当然有权利生气。如果对方是陌生人，你可以大吼大嚷、漫天叫骂，然后一走了之，祈祷彼此再也不要碰面。但是，如果对方是你的同事、朋友或家人呢？

你仍然应该生气，但别忘了沟通的艺术。得理不饶人的强烈抨击，只会告诉对方："在我眼中，你是个彻头彻尾的无能者、不折不扣的坏蛋。"然而，当你平静而清楚地告诉他是他的某些行为而非他的人格、本性激怒了你以及原因，这将使对方有路可走，在今后加以改善自身的言行。

当然，改变自己和宽恕别人的确不容易，但却值得努力。敌意和怒气给我们的心灵与肉体带来同样沉重的负担，未雨绸缪地避免它不是很好吗？

18　陷入僵局时，如何重新打开局面

在交际中把握对方的心理，审时度势，然后凭借恰到好处的说辞来化解尴尬与僵局，是一项值得重视的社交能力。

在生活中，由于矛盾双方彼此缺乏了解以及种种突发事件，往往会导致尴尬或僵持场面的出现，这个时候如果没有人站出来打圆场，那么就很可能引起一方或双方的不快，干扰事情的正常推进，甚至影响到彼此的关系和友谊。

星期天，小莫一家包饺子，母亲擀饺子皮，小莫夫妻俩包。不一会儿，女儿从外面跑进来："我也要包。"

母亲说："小玉乖，去洗了手再来。"小玉没挪窝，在一旁蹭来蹭去。妻子大叫："蹭什么！还不去洗手，弄得一身面粉，我看你今天要挨揍。""哇……"5岁的小玉哭了起来。"孩子还小，懂什么？这么凶，别吓着她！"母亲心疼孙女了。"都5岁了还不懂事，管孩子自有我的道理。护着她是害她！"妻子很不高兴。

"谁护着她了，5岁的孩子能懂个啥，不能好好说吗？动不动就吓她！"小莫一看，自己再不发话，"火"有越烧越旺之势，便说："我说，今天这饺子可就太咸了哟！平日里，街坊邻居、朋友都说我有福气，羡慕我有一个热情好客、通情达理的母亲，夸奖我有一位事业心强、心直口快的妻子，看你们这样，别人会笑话的，都是为了孩子好。小玉还不快去让奶奶帮你洗洗手，叫奶奶不要生气了。"又转向妻子："你看你，标准的'美女形象'，嘴噘得都能挂10只桶了。生气可不利于美容呀！"妻子被他逗乐了。那边，母亲正在给孩子擦着身上的面粉，显然气也消了。

小莫借着别人之口把母亲和妻子都夸奖了一番，并且提醒她们，如果不停止争吵，只会引来别人的笑话。两位当事人受到赞美之后心情渐渐平静下来，意识到了自己的冲动，为了保持自己在街坊邻居中的美好形象，她们立刻顺水推舟、相互和解，一场"家庭纠纷"由此解决。

（1）制造幽默气氛

20世纪50年代一次国宴，外宾见了汤菜内的笋片疑似法西斯的图形时，感到迷惑不解，于是询问周恩来总理。周总理一看，发现图案是由于汤汁翻滚造成的，便解释说："这不是法西斯标志，是中国传统图案，叫'万'字，象征福寿绵长，是对客人的良好祝愿！"

接着又风趣地说："就算是法西斯标志也没有关系嘛！我

们大家一齐来消灭法西斯，把它吃掉！"听了这机智巧妙的解说，宾主哈哈大笑，气氛更加友好热烈，这道汤菜很快被吃了个精光。

在周总理接见外宾这一交际活动中，中国传统图案"万"字符由于与法西斯的标志相似，结果成了形成尴尬局面的导火线。法西斯的标志"出现"在宴席上，这一事件当然令宾主都感到不悦，于是周总理使用了"将严肃问题诙谐化"的交际技巧，在对"万"字符进行解说之后，号召大家吃掉法西斯，结果一下子令僵化的气氛活跃起来，宾主双方的尴尬与疑虑烟消云散。

（2）巧用谐音解尴尬

一个周日，某豪华酒店正在为一对青年举办结婚典礼。彩灯高悬，宾朋满座，新娘新郎在爆竹声中相依相偎缓缓而来。不料，一团火星溅在新娘的衣服上，顿时蹿出了火苗。幸亏有人手疾眼快，上去将火捏灭。幸好只烧了条衣边，否则就更糟糕。不过，新娘的脸红了。她觉得新婚燕尔就把衣服烧破了有些不吉利。在场的人也都略感遗憾，却不知说什么好。

这时新郎的一个朋友走到新娘面前说："恭喜你！新娘的衣服边没了是个好兆头，它将预示你们这对新人将来一定恩爱美满，幸（新）福（服）无边！"朋友一句话，利用"新服"与"幸福"的谐音关系，巧妙地转换成另一种吉祥的祝福，化腐朽为神奇，说得众人都乐了，新娘也便转忧为喜了。

(3) 根据事物与语言的意义关系向好处联想

生活中的很多事物之间看似风马牛不相及,其实如果细心体味、挖掘与联想,总能从中找到其内在或外在、或远或近的联系。有一次余小姐和几个同事一起去参加省里的业务考试,当她走进考场时,只见桌子上有三颗钉子分布成三角形排列在桌面上,且冒出很高。如果不注意,这不仅会刮破衣服,同时也会影响答题的速度。余小姐一脸的怒气要求监考老师换桌子,可监考老师说:"现在不能换,别违反考场纪律!"余小姐气得柳眉倒竖,连说:"真倒霉,不考了。"这边一位同事见了忙打圆场说:"有几颗钉子算什么!"余小姐说:"你说得轻松,这可是三颗钉子,躲都躲不过去呢!"这位同事说:"你太幸运了,我还求之不得呢!"余小姐说:"你别拿我开心了,这么倒霉的事要让你碰上,你还能说幸运?"这位同事便说:"你知道这三颗钉子说明了什么吗?这叫板上钉钉!说明你今天的三科考试铁定都能过关。"余小姐听后马上转怒为喜:"借你的吉言,我今天要是三科都及格了,请你吃饭。"结果一个月后公布成绩,余小姐果然三科都顺利过关。

桌上有三颗大钉子本是很恼人的事,更何况是参加考试。但这位同事却在余小姐气恼发怒的时候,用一句百姓常说的"板上钉钉"的俗语与三科考试联系起来,做了积极的联想,解释为"三科铁定都及格",正中余小姐的下怀,岂不皆大欢喜?

19 提升人际关系的六大社交说话技巧

社交往来时,开口说话有六不要:

(1) 不要有优越感

用一种优越于任何事和任何人的态度进行交谈会使你很快陷入孤立的境地,成为孤家寡人。

(2) 不要好斗

人们喜欢在政坛上或是在有奖拳击场上看一场精彩的争斗,但是几乎没有人喜欢在自家的会客室里或日常生活中发现一个斗士。

(3) 不要无动于衷

当对方期望你能对其妙语有所反应时,你应有所表示,不要无动于衷,不要让他在整个谈话中唱独角戏。

(4) 不要言过其实

赞扬人,但不要过分,过分的热情显得虚伪。批评也是如此,要力求客观的评价，不可掺杂过多的个人情绪在里面。

(5) 不要以自我为中心

交谈中应肯定地表达自己的思想，说出你对某事的见解，但不要给人留下极端个人主义的印象，万万不可认为整个宇宙是围绕你转动的。

(6) 不要总想在交谈中唱主角

我们佩服那些故事说得很精彩的人，敬慕其绝妙的才智，然而这种敬佩并非意味着我们所说的每句话都得是笑话，也并非指交谈的主要目的是为了博得人们的笑声。成功的交谈可以是愉快的，还可以是严肃的。你应尽量发现自己在交谈中的优点，你也许会发现你是很好的谈话对象，因为你比其他人要注意倾听别人的谈话。

另外，社交往来时，嘴边还要留个"把门"的。一位早年毕业于某高等院校中文系，勤勤恳恳工作了几十年的老教师退休了，为此，学校为他和另一位曾多次荣获"先进"的退休老同志一并举行了一个欢送会。

与会同志和领导对他们的工作和为人进行了热情洋溢而又非常得体的肯定和赞扬，相比之下，对那位曾多次荣获"先进"的老同志的美誉则更多。当轮到两位受欢迎的退休老同志致答谢辞的时候，他们对大家的赞誉作了深情的感谢。一时间，会场里充满了一种令人动情的温馨气氛。

作为答谢,话本该到此为止;然而,那位老教师却并未就此打住,他由人们对另一位"先进"的赞扬中引发了感触,并做了颇为欠妥的联想和发挥:"说到先进,很遗憾,我从来也没有得过一次……"话犹未竟,坐在他对面的、平日与他相处得不很融洽的一位青年教师突然抢了话头:"不,那是我们不好,不是你不配当先进,是怪我们没有提你的名。"话语中带着一种不肯饶人而又让人难堪的"刺"。冷不防,老教师的眼角眉梢被"刺"出了一道感伤的表情,一时间会场中出现了一种不悦的尴尬气氛。

　　一位领导见势不对,马上接过话茬,想把气氛缓和一下。照理说,这时,他应避开"先进"这个敏感的话题,转而谈论其他。然而,他却反反复复劝慰那位退休老教师,叫他对"先进"的问题不要在意,说没有评过先进,并不等于不够先进,先进不仅在名义,更要看事实。如此等等,一席话,等于是把本应避而不谈的话题做了重复和引申,使本已尴尬的局面显得更为尴尬。

　　这是一个发生在我们身边的真实的故事,我们不妨把它叫作一个"不会说话的故事"。从这个故事中,我们可以总结几点发人深省的教训来。

　　一是那位退休老教师的教训:不该作无谓的比照。比照,是谈话中常用的一种手法。用得好,可以使谈话产生某种积极的效果。这里,"积极的效果"是应该特别注意的。在退休欢送会这样的场合,人们所说的往往都是一些富有情感而又不失其真诚的、十分得体的人情话。对于这种充满人情味的好话，听话者要善于倾听，善于应答，大可不必拿别人的长处来衡量自己的短处，从而引起自己的不快。

二是那位青年教师的教训：不要在别人失意时火上加油。与人相处，难免会发生这样那样的分歧，在一位勤勤恳恳工作了一辈子的老前辈即将退休时，虽然可能因为老先生平时在某些方面不善为人处事而与自己伤了和气，然而在欢送会这种场合，我们却不能乘别人一时失言，抓住不放，图一时之痛快而说出那些不合人情的刻薄话。在这种场合，无论如何，还是要在"欢"字上多考虑一些，"欢送会"，"欢"而"送"之，要尽可能多留一点美好回忆给人家。

三是那位领导人的教训：应注意避开敏感话题。领导者的领导能力固然表现在原则性上，在会场上一时出现了某种始料未及的尴尬局面时，他没有直接去批评那位言语有失的青年教师，而是竭力肯定那位老教师的贡献。具有这种应急应变的意识并立即着手应变，这些都是无可厚非的。然而，从具体应变能力和言语技巧这个角度来看，却又显得很不够。

照理说，在这种场合，他应竭力避开"先进"这个敏感话题，巧妙地把话题岔开，使欢送会的气氛由暂时的不欢重新转向欢快，并顺势掀起新的高潮，而不是如他所做的那样，在敏感话题上唠叨不休。能否机敏地避开某些不宜多说的话题，对领导者的领导能力也是一种很好的检验。

　　总结这三个方面的教训，合为一点，就是：说话要注意场合。不看场合，随心所欲，信口开河，想到什么说什么，这是"不会说话"的人一种拙劣表现。

　　人，总是在一定的时间、一定的地点、一定的条件下生活，在不同场合，面对着不同的人，不同的事，从不同的目的出发，就应该说不同的话，采用不同的方式说话，这样才能收到理想的言谈效果。

第四部分

圆满说服篇

01　正面说服无效时，如何诱其深入

林肯是美国历史上最伟大的总统之一，在成为总统之前，林肯曾经做过律师。有一次，他的一个朋友因酒醉后一时冲动威胁他人的生命而受到指控。由于原告掌握了许多确凿的证据，这些证据对林肯的朋友来说都是很不利的。所以，就当时的情形看，要想打赢官司，似乎不大可能。也正因为这样，很多律师都不愿意帮忙。在遭到他们的拒绝之后，他想到了老朋友林肯。

法庭开始审理后，林肯问原告："先生，如果您是以一个勇敢者自居的话，您一定不会因威胁而感到害怕吧？"

"先生，我正像任何一个勇敢的人一样，不会因别人的威胁而害怕。"原告一副大义凛然的样子。

林肯说："那么，要是我的当事人威胁您，您也不会畏惧吧？"

"当然了，律师先生。"

"您确定吗？"林肯又一次发问。"是的，我确定，我不怕他。"

原告的语气更为肯定。于是，林肯向法官提出："既然原告不怕我的当事人，也就是说我的当事人对他并没有构成威胁，那么他还指控什么呢？"最终，法官宣判驳回原告的指控。

当人们的某些主张、要求被对方拒绝的时候，总是会觉得浑身不自在。作为必须要表示拒绝的一方，如果想要把拒绝留给对方，一般应先用一种同情的语气表达，以防止对抗心理的产生。无论你说服的对象是谁，对抗的心理一旦在他心中扎根，就会给你带来诸多的不便。遇到这样的情况先站在对方的立场上，从他的言语中找出一处突破口。然后，步步为营，请君入瓮。同时，让他心里有一种被尊重、被理解的满足，达到说服他的目的。

林肯正是用了这个方法使朋友赢得了诉讼的胜利。林肯没有从正面驳斥原告，而是提出一个小小的问题，使对方陷入一个自认是勇敢者的圈内，林肯提出问题，原告回答问题，终于原告得出了一个自相矛盾的结论。

在说服他人的过程中，你或许会遇到一些语言或行为比较过分，或者专门找碴的人。对此，直言反驳效果不好，反而会使你们的关系僵化，更不用说使其折服了。你不妨顺着他们的所作所为或言语，一步一步诱导，最终让他们说出自相矛盾的话或做出自相矛盾的事，借此达到你的说服目的。

02　管教他人时，如何做到以德服人

枭雄曹操为人多疑、残忍的性格多为后人所诟病，然而作为军事家，其治军严谨，颇受部下尊敬。一次麦熟时节，曹操率领大军去打仗，沿途的老百姓因为害怕士兵，都躲到村外，没有一个敢回家收割小麦。曹操得知后，立即派人挨家挨户告知老百姓和各处看守边境的官吏：现在正是麦熟的时候，士兵如有践踏麦田的，立即斩首示众。

曹操的官兵在经过麦田时，都下马用手扶着麦秆，小心地通过，没一个敢践踏麦子的。老百姓看见了没有不称颂的。可这时，飞起一只鸟惊吓了曹操的马，马一下子踏入麦田，踏坏了一大片麦子。曹操要求惩治自己践踏麦田的罪行，官员说："我怎么能给丞相治罪呢？"曹操说："我亲口说的话都不遵守，还会有谁心甘情愿地遵守呢？一个不守信用的人，怎么能统领成千上万的士兵呢？"随即拔剑要自刎，众人连忙拦住。

后来军中有人建议"割发代首",于是曹操传令三军:丞相践踏麦田,本该斩首示众。因为肩负重任,所以割掉自己的头发替罪。曹操断发守军纪的故事也被传为美谈。

其实,曹操并非真的想砍掉自己的脑袋,没了脑袋他怎么实现自己的野心呢?而头发又怎么能代替"头"呢?古人普遍有一种观念:身体发肤受之于父母,不可轻易毁损。被人割了头发胡须、在皮肤上刺字都是一种屈辱,是很丢人的。曹操是个实干家,自己心里并不太在意这些玩意儿,但是他为了服众,为了让部下心服口服地为自己卖命,损失点头发又算得了什么。然而曹操以丞相之尊"割发代首",毕竟难得,树立自己"以德服人"形象的目的也达到了。

东汉时期有名的义士陈重,是一个非常大度能自我牺牲的人。有一次陈重同朋友回家,误将邻舍的裤子带走了,裤子的主人怀疑是陈重拿的,陈重没有分辩一句就买了条新裤子送给那人。传说陈重一生中做了许多这样的事,他的一个同僚负债累累,有一天债主前来要债,陈重就不声不响地帮他还清债务了,而且事后闭口不谈此事。

自己明明没偷,人们却怀疑自己,陈重不但默认了,顶着小偷之名还了一条新裤子,还诚心诚意地破财替人赔偿,是不是太窝囊了呢?其实不是,陈重只是暂时牺牲了名誉,破了点钱财,消除了邻居的怨气,换来的却是平安和永久的信任,因为误会总有消除的时候。

与曹操同时代的刘备曾对儿子说过:"勿以恶小而为之,勿以善小而不为。"这里所说的"为"与"不为",很有朴素的辩证法。小恶虽小不以为然,酿成大恶就悔之晚矣,所以不能因其小而为之。小善也是善,积小成大,积少成多,小善就会变大善,所以虽是小善也要为之。而且对他人的所作所为能以宽容的态度对待,从情感教育入手,从诚意出发,促使其自觉改掉小恶,完善自己的形象,这也是与人为善的美德。

03　难以说服时，如何诱之以利

　　一家运营相当好的公司，为扩大经营规模，决定高薪招聘业务主管。广告一打出来，报名者云集。面对众多应聘者，招聘主试者说："相马不如赛马，为了能选拔出高素质的人才，我们出一道实践性的试题，就是想办法把木梳卖给和尚。"绝大多数应聘者感到困惑不解，甚至愤怒：出家人要木梳何用？这不明摆着拿人开玩笑吗？于是纷纷拂袖而去，最后只剩下三个应聘者：甲、乙和丙。主试者交代："以十日为限，届时向我汇报销售成果。"

　　十天后，主试者问甲："卖出多少把？"答："1把。""怎么卖的？"甲讲述了历尽的辛苦，游说和尚应当买把梳子，无甚效果，还惨遭和尚的责骂，好在下山途中遇到一个小和尚一边晒太阳，一边使劲挠着头皮。甲灵机一动，递上木梳，小和尚用后满心欢喜，于是买下一把。

　　主试者问乙："卖出多少把？"答："10把。""怎么卖的？"

乙说他去了一座名山古寺，由于山高风大，进香者的头发都被吹乱了，他找到寺院的住持说："蓬头垢面是对佛的不敬。应在每座庙的香案前放把木梳，供善男信女梳理鬓发。"住持采纳了他的建议。那山有10座庙，于是买下了10把木梳。

主试者问丙："卖出多少把？"答："1000把。"主试者惊问："怎么卖的？"丙说他到一个颇具盛名、香火极旺的深山宝刹，朝圣者、施主络绎不绝。丙对住持说："凡来进香参观者，多有一颗虔诚之心，宝刹应有所回赠，以做纪念，保佑其平安吉祥，鼓励其多做善事。我有一批木梳，您的书法超群，可题'积善梳'三个字，再请刻工刻好，便可做赠品。"住持大喜，立即买下1000把木梳。得到"积善梳"的施主与香客也很是高兴，一传十、十传百，朝圣者更多，香火更旺。

做和尚的总是希望佛教得到更广泛的推广，而推广的效果如何，香火是否旺盛可以作为一个重要的标志。这正是和尚所希望得到的利益，丙正是看出了这一点，诱之以利，把大批的梳子卖给了和尚，出色地完成了这个看似荒唐的"不可能完成的任务"。从这个小故事里我们得到了如下的启示：想要说服别人，试着从他最希望获得的利益入手，最终达到自己的目的。

04　讲道理无用时，如何以情动人

美国著名的人际关系学家戴尔·卡耐基的住所位于纽约的地理中心点上，从他家步行一分钟，就可到达一片森林。春天的时候，黑草莓丛的野花白白一片，松鼠在林间筑巢育子，马草长得高过马头。这块没有被破坏的林地，叫作森林公园——它的确是一片森林，也许跟哥伦布发现美洲那天下午所看到的没有什么不同。他常常带雷斯到公园散步，雷斯是他的小波士顿斗牛犬，一只友善而不伤人的小猎狗。因为在公园里很少碰到行人，他常常不替雷斯系狗链或戴口套。

有一天，卡耐基和他的小狗在公园遇见一位骑马的警察，他好像迫不及待地要表现他的权威：

"你为什么让你的狗跑来跑去，不给它系上链子或戴上口套？"他申斥卡耐基，"难道你不晓得这是违法的吗？"

"是的，我晓得，"卡耐基回答，"不过我认为它不会在这儿咬人。"

"你认为？法律是不管你怎么认为的。它可能在这里咬死松鼠，或咬伤小孩子。这次我不追究，但假如下回我再看到这只狗没有系上链子或套上口套在公园里，你就必须去跟法官解释啦。"

卡耐基客客气气地答应遵办。可是雷斯不喜欢戴口套，卡耐基也不喜欢它那样，因此他决定碰碰运气。事情起初很顺利，但接着却碰到了麻烦。一天下午，他们在一座小山坡上赛跑，突然又碰到了一位警察。

卡耐基决定不等警察开口就先发制人。他说："警官先生，这下你当场逮到我了，我有罪，我没有托词，没有借口了。上星期有位警官警告过我，若是再带小狗出来而不替它戴口套就要罚我。"

"好说，好说，"警察回答，"我晓得在没有人的时候，谁都忍不住要带这么一条小狗出来玩玩。"

"的确是忍不住，"卡耐基回答，"但这是违法的。"

"像这样的小狗大概不会咬伤别人吧。"警察反而为他开脱。

"不，它可能会咬死松鼠。"卡耐基说。"你大概把事情看得太严重了，"警察告诉卡耐基，"我们这么办吧，你只要让它跑过小山，到我看不到的地方，事情就算了。"卡耐基处理这种事的方法是，不和警察发生正面交锋，要承认警察绝对没错，自己绝对错了，并爽快、坦白、热诚地说明这点。因为站在对方立场说话，整个事情就在和谐的气氛下圆满解决了。

"以情动人"说的是一种说服的方略，也是一种说服的效果，其最基本的要点之一是巧妙地诱导对方的同情心理或感情，以使被说服者信服。

如果说服的一方特别强调自己的优点，企图使自己处处占上风，对方反而会加强防范心。所以，应该先故意点破自己的缺点或错误，暂时使对方产生优越感。另外，而且注意不要以一本正经的态度表达，这样才不会让对方乘虚而入。

如果我们知道遭受责备在所难免，何不抢先一步，自己先认罪呢？人心是很奇特的，当对方发觉你已承认错误时，便不好再多指责。如当你有求于对方时，一开始你就说："我这可能是无理的要求。""我说这些话可能有点鲁莽。"或"我说的话虽是过分点。"此时，即使你说的话确实令对方感到厌烦，对方会因你语气谦和无法当面指责。在这种情况下，十之八九他会以宽大、谅解的态度对待你，忽视你的错误。如果反复使用，则更能加强效果，还会使对方轻易地听完并接受你的要求。

05　道理复杂时，如何寓理于喻

凡是有一定工作经验的人都知道，说话容易，但是要把话说到位，尤其是说服他人，非常困难。那么，到底要怎样把话说到点子上，成功说服他人呢？寓理于喻不失为一个好方法。

公元前613年，楚成王的孙子楚庄王即位，做了国君。晋国趁这个机会，把几个一向归附楚国的国家又拉了过去，订立盟约。楚国的大臣们很不服气，都向楚庄王提出要他出兵争霸权。无奈楚庄王不听那一套，白天打猎，晚上喝酒、听音乐，什么国家大事，全不放在心上，就这样窝窝囊囊地过了三年。他知道大臣们对他的作为很不满意，还下了一道命令：谁要是敢劝谏，就判谁的死罪。有个名叫伍举的大臣，实在看不过去，决心去见楚庄王。楚庄王正在那里寻欢作乐，听到伍举要见他，就把伍举召到面前，问："你来干什么？"伍举说："我听说了一个谜语，苦苦思索却得不出答案。大王是个聪明人，请您猜猜吧。"

楚庄王听说要他猜谜语，觉得很有意思，就笑着说："你说出来听听。"伍举说："楚国山上，有一只大鸟，身披五彩，样子挺神气。可是一停三年，不飞也不叫，这是什么鸟？"

楚庄王心里明白伍举说的是谁，默然不语。一会他说："这可不是普通的鸟。这种鸟，不飞则已，一飞冲天；不鸣则已，一鸣惊人。你去吧，我已经明白了。"

从此以后，楚庄王决心改革政治，把一批奉承拍马的人撤了职，提拔了伍举和另一位敢于进谏的大臣，帮助他处理国家大事。当年，就收服了南方许多部落。第六年，打败了宋国。第八年，又打败了陆浑（在今河南嵩县东北）的戎族，一直打到周都洛邑附近。后来终成一代霸主。

汉高祖刘邦建立汉朝之后分封功臣，他认为萧何的功劳最大，封他为赞侯。许多武将都不服气，说："我们跟随陛下征战多年，九死一生，立下了汗马功劳，为什么得到的封赏却比不上这个只会动嘴皮子的文官。"刘邦说道："你们都打过猎吧？打猎时追杀猎物的是猎狗，可是控制猎狗的却是人。猎狗怎样追、到哪里追全在猎人的掌握之中。你们不过是猎狗，萧何才是会打猎的人，没有他，你们能打胜仗吗？"武将们想想也是，虽有几个还是不怎么服气，却再也没有人跟萧何争功了。

楚庄王下了禁令：谏者死！已经是把事情做绝，为了保命，大臣们谁都不敢多说话。可是伍举敢说，他换了种方式说服了庄王，真是一言以兴邦。你国君不是爱玩吗，好啊，我跟你玩。我不是来进谏的，我出个谜语让你猜。在谜语里伍举把楚庄王比喻成彩色的大鸟——凤凰，楚文化的象征物之一。用比喻暗示：你是人中的龙凤啊，这么做国君怎么能行呢。楚庄王也是个聪明人，他接受了这个比喻，说我一定会"一鸣惊人"。试想如果伍举开口闭口地大谈道理，拼死进谏，对于楚庄王来说是多么没有面子的事：我已经说过进谏的都要死，你还说个没完，不杀你，国君说话不算话成什么样子。而用比喻就容易多了，伍举表达了他想表达的意思，庄王也明白他的苦心。君主不失面子，大臣也达到了目的。这正是比喻的作用。

刘邦是个老粗，他的武将们也是老粗。用打猎的比喻他自己说起来顺口，武将听起来也好懂。他们都打过猎，有过切身的体会，知道在打猎中起主导作用的是猎人而不是猎狗，当然也就无话可说了。

针对不同的对象、不同的事情，在不同的时机，说服他人时的方式是不一样的。而寓理于喻能把自己的说服内容委婉巧妙地表达出来，使被说服者乐于接受，因而常为人所运用。

06　道理空洞时，如何情理结合

说话的时候冷冰冰的，没有人会提起兴趣来听。反之，想办法把话说到对方的心坎里，善于入情入理、打动人心、以情理服人，才会达到最佳的效果。真诚、热烈的情感要比空洞的大道理更具有说服力。

亚伯拉罕·林肯在成为总统之前当过律师。一天，林肯正在律师事务所办公，一位老态龙钟的妇人找上门来。

一进门，她就十分激动，哭诉自己的遭遇。原来她是位孤寡老人，没有子女，丈夫在独立战争中为国捐躯了，她靠每月的抚恤金生活。前不久，抚恤金出纳员勒索她，要她交付一笔手续费才可领钱，而这笔手续费多达全部体恤金的一半。

听完老妇人的哭诉，林肯十分气愤，决定免费为老妇人打官司，教训一下那个没良心的出纳员。但是，那位出纳员仅仅是口头勒索，没有留下任何书面凭据，因此在法庭上法官指责林肯无中生有。但林肯十分沉着，他两眼闪着泪花，充满感情地回顾了英帝国对殖民地人民的压迫，以及爱国志士如何奋起反抗，如何忍饥挨饿地在冰雪里战斗，为了美国的独立而抛头颅、洒热血。最后，他深情地说："现在，一切都成为过去。1776年的英雄早已长眠地下，可是他们那衰老而可怜的夫人就在我们面前，要求申诉。这位老妇人从前也是位美国的少女，曾与丈夫有过幸福愉快的生活。现在她已失去了这一切，变得贫困无靠。可是某些人一边享受着烈士争取来的自由幸福，还要勒索他遗孀那一点微不足道的抚恤金，有良心吗？无依无靠的她，不得不向我们请求保护时，试问，我们能熟视无睹吗？"

听众的心早已被感动了，法庭里充满了哭泣声，一向不动感情的法官也眼圈泛红。被告的良心也被唤醒，再也不矢口否认了。法庭最后通过了保护烈士遗孀不受勒索的判决。

看样子，要想说服他人，光讲道理还不行，那会让对方觉得枯燥，难以理解和接受。所以，理中含情，即便是反理也容易说服他们。

孙叔敖曾是楚国的相国，他廉洁清正，死后家徒四壁。他的儿子贫困无依，靠给人家背柴来维持生活。艺人优孟很同情他，就穿上孙叔敖的衣冠，模仿他活着时候的言谈举止，摇头晃脑地在楚王面前唱道："贪官不可做而做，廉吏可做而不做。贪官所以不可做，因为他行为污浊卑鄙。廉吏所以不做，只因一朝身死家贫穷，子孙乞食栖荒野。劝君勿学孙叔敖，楚王不念前功劳。"楚王看了优孟的表演，听了他的歌声，感动得潸然泪下，当即召见了孙叔敖的儿子，把寝丘封给他做乡邑。

人的感情有的时候坚强无比，有的时候却又无比脆弱，人世间的真善美会让每一个有良知的人为之感动。有时候，要想打动你的说服对象，你可以先找他聊天，和他进行有效的沟通，你不必向他讲什么大道理，只需要告诉他你的真实想法，你内心的真实感受。相信每一位接受如此礼遇的人都会为此感动。

07　需要忍耐时，如何以退为进

面对冲突，一般最简单的做法就是用强去争，但可能对方比你还强，你用强，别人亦用强，结果就不妙了。实际上，在聪明人看来，低头不单是缓和冲突，也能化解冲突。而争论只有在极端的情况下才能解决冲突，在多数情况下只能激化冲突。其实在很多事情上，头低一些，退让一步，不但自己过得去，别人也过得去，产生冲突的基础不复存在，冲突自然就化解了，事情当然也就更好办了。

学会忍耐，有这样几个好处：你很主动地低下了头，不致成为明显的目标；不会因为头抬得太高而把矮檐撞坏。要知道，不管撞坏撞不坏，你总是要受伤的，老祖宗早就有"伤敌一千，自损八百"的古训。不能因为脖子太酸，忍受不了而离开能够躲避风雨的"屋檐"。离开不是不可以，但你必须考虑要去哪里。下面这个故事也充分说明了忍耐的重要性。

马丁在纽约市出生并长大,已经有三十好几了。最近他刚搬到西海岸,在一家建筑公司担任管理职务。他曾听到他的同事说过一些有关老板谢尔曼和彭泽的事情。当时他对此还表现得嗤之以鼻,他认为在背地里谈论老板毕竟不是什么见得了光的事儿。

这天早晨,马丁走进了他的办公室。还未等他安安稳稳地坐下,他的老板便快速走了进来,像装了火药的大炮,一进马丁的办公间便用很高分贝的声音对马丁嚷道:"先生,别以为现在你已经很安稳、很舒泰了,其实这是一个十分不对的想法。你知道,像我们这样一个规模大,而且又活力十足的私人公司是容不得打混和懒散的人的,你知道我说的意思!"

谢尔曼停顿了一下,似乎是刚才的一阵连环炮让他感觉到有些累了,但还没等马丁舒完一口气,他便又瞪大眼睛并以咆哮的声音警告马丁:"老兄,在我这里,你可不要妄想浪费时间,因为想要工作的人多得很,有人甚至为了得到这家公司工作的机会而塞钱给我呢!"

这部"战车"对他扫射一阵后,马丁完全可以感受到同事们的目光。"他以为他是谁啊?"马丁自言自语,心里充满了委屈。

马丁表现得很冷静,虽然他的内心也充满了火气,但他很快调整了过来,他开导自己:其实上司对我没有任何成见。他以激烈的言辞攻击,其背后的动机是因为他把工作看作是最重要的事。

在他看来，应该要发生的事没有发生，所以他就用激烈的态度和集中大家焦点的方式，来证明自己可以掌控局面，而我本人又刚好站在火线上。

于是他压抑了反击的情绪，稳住自己的立场，盯住老板的眼睛，屏息等待风雨停止。

老板发作完了，马丁问："还有别的指示吗？"显然，事情还没完。烈火战车再次装满谩骂的火药，然后再度爆发。马丁隐忍不发作，慢慢吸了口气，平静地说："还有别的吗？""怎么，你……"谢尔曼最后一次装上火药，发射。现在，他的火药已经全部用尽了，他能骂的都骂出来了。这时他站在那里静静地盯着马丁，好像在等待他的回答似的。马丁平静地说："那么，现在我要回去工作了。"

谢尔曼转了一圈后平静地走开了。所以，如果在说服他人的过程中，你也处于马丁的情况下，最好也能和他一样，先压住火，调整心态，稳住立场，然后做自己该做的事。这样，既不会因自己的冲动而断送前程，也不会让发动进攻者抓住自己的把柄，而所有的不满与愤怨又在默默无声中传递给了对方，让对方在静默中反省自己的错误。

一定要忍耐的目的，是为了让自己与当时的环境产生一种和谐的关系，让那些原准备射向自己的明枪暗箭纷纷调转方向，从而保存自己的能量，以便走更长远的路。这显然是更高明的策略。

忍耐并非没有出息，而是一种另辟蹊径的进取之法。掌握并活用这种方法，相信你一定受益匪浅。

08　面对权威时，如何投其所好

　　站在他人的立场上分析问题，阐述自己的意见，能给他人一种为其着想的感觉，这种投其所好的技巧常常具有极大的说服力。当然，要想熟练地运用此技，"知己知彼"十分重要，只有先知彼，而后才能从对方立场上考虑问题。

　　某精密机械厂生产某种新产品，将其部分零部件委托小厂制造，当该小厂将零件的半成品呈示给总厂时，不料全部不合该厂要求。由于迫在眉睫，总负责人只得令其尽快重新制造，但小厂负责人认为他是完全按总厂的规格制造的，不想再重新制造，双方僵持了很久。

　　总厂厂长见到这种情况，问明原委后，便对小厂负责人说："我想这件事完全是由于公司方面设计不周所致，而且还使你们吃了亏，实在抱歉。今天幸好是有你们帮忙，才让我们发现竟然有这样的缺点。只是事到如今，任务总是要完成的，你们不妨将它制造地更完美一点,这对你我双方都是有好处的。"那位小厂负责人听完,欣然应允。

总厂厂长之所以说服了小厂负责人,就在于他的最后一句话"这对你我双方都是有好处的",而这正是"投其所好"的体现。

说服是参与双方的一种逆向抗衡,而这种抗衡往往针锋相对,僵持不下。要想突破僵局,取得说服胜利,不妨变逆为顺,采取"投其所好"的战术,从顺向的角度,向对方发起一场心理攻势,在顺的过程中化解对方的攻势,发现对方的破绽,捕捉突破的战机,从而战胜对方。举例来说:

律师乔特斯为有杀妻嫌疑的拉里辩护时,控方律师麦纳斯提出了对拉里十分不利的证据:拉里曾向麦纳斯提出过,要麦纳斯帮助他与妻子离婚,并由此推论拉里在无法达到离婚目的时,会采取极端措施。乔特斯知道要直接反驳"要求离婚就有杀人动机"是困难的。于是他采取了"投其所好"的策略,与对方周旋,以图找到最佳战机。

他一边向麦纳斯承认,自己对离婚案是外行,一边恭敬地问对方是不是很忙。麦纳斯踌躇满志地回答:"要我处理的案子非常多。"后来又补充说每年至少有200件。乔特斯赞叹说:"啊,一年200件,您真是离婚案专家,光是写文章就够你忙的了。"麦纳斯犹豫起来,感到说得太多人们难以相信,就只好承认说:"可是……其中有些人……因为这样那样的原因改变了主意。"破绽又出现了,乔特斯抓住这一点,进一步诱导道:"您是说有重新和好的可能,那大概有 10% 的人不想把离婚付诸行动?"麦纳斯说:"百分比要高些。""高多少,11%?20%?""接近 40%。"乔特斯用惊奇的眼光盯着他说:"麦纳斯先生,您是说去找您的人中有近一半最终决定不离婚?""是的。"麦纳斯这时有些感觉到了,但退路已经没有了。"当然不是!"麦纳斯急忙自我辩解,"他们常常一时冲动,就跑来找我。可是一旦真的要离婚,便改变主意了。"他突然停住,意识到自己上当了。"谢谢!"乔特斯说,"你真帮了我的大忙。"

在这场法庭论辩中,乔特斯见正面反驳难度较大,就采取了"投其所好"术,从侧面迂回。他先坦率地承认自己对离婚案是外行,恭维对方很忙,当对方得意忘形,胡吹自己处理离婚案的数目时,他又进一步恭维对方是离婚案专家。当对方感到吹过了头,说有些人因这样那样的原因改变了主意时,战机已经出现了。乔特斯抓住这一点,步步诱导,使对方说出了自己否定自己的话。

由这个实例可见,在说服他人时,如果正面说理难以奏效,可以采用"投其所好"术,与对方巧妙周旋,当对方的抵抗心理弱化,疏于防范时,就有可能暴露出一些破绽,这就为我们提供了战机,从而乘隙而入,一举制敌。

"投其所好"术运用于说服过程中,还有以下妙处:

(1)"投其所好"能诱敌入彀

一天,一位面容娇美的女青年走在马路上。突然她发现后面有一个男青年紧跟不舍,怎么办呢?她忽然有了主意。她回过头来对这个男青年说:"你为什么老跟着我呢?"男青年说:"您太美了,真让人着迷,我真心爱您,让我们交个朋友吧!"姑娘嫣然一笑,说:"谢谢您的夸奖,在我后面走的姑娘是我妹妹,她比我更美。""真的吗?"男青年非常高兴,马上回头看,但却不见姑娘的身影。他知道上当了,又去追那位漂亮姑娘,质问她为什么骗人。女青年说:"不,是你骗了我,如果你真心爱我,那么为什么去看另一个女人,经不起考验,还想和我交朋友,请你走开!"男青年被说得面红耳赤。

这位女青年之所以能制服男青年,就是顺着对方贪图美色的心理,"投其所好",最终达到摆脱纠缠的目的。

(2)"投其所好"能反客为主

一位知识测验的主持人向一位应考者提问:"先生,据说您是足球方面的专家,理所当然知道所有足球方面的事,是吗?""那当然。"应考者悠然地回答。"那么,请问球门上的球网有多少个孔?"应考者一愣,但随即镇定下来,说:"能提出这样问题的人一定是知识十分渊博的大学问家。""那当然。"主持人面露喜色地答道。"那么,你一定知道保塞尼亚斯是一个什么样的人,他研究的是什么学问?"应考者问道。"保塞尼亚斯是古希腊一位能言善辩的哲学家。"主持人自信地答道。"完全正确。"应考者又问道:"你知道有关他的一件轶事吗?有一次,雅典的首席执政官听说他很有口才,想当众考他一下,就请他出席贵族会议。首席执政官让每个贵族议员提一个难题,请他用一句话来回答所有的难题。议员们提了几十个问题,而他只用了十分简单的一句话就回答了所有难题。你知道他说了什么吗?""面对这样多的难题,他只能说不知道。"主持人得意地回答。"完全正确,您真不愧为保塞尼亚斯的后代。"应考者又问道:"今天我想再提一个问题,你还能用一句话回答吗?""请问吧!"主持人颇为自负地答应了。"那么,现在我问你,足球球网上有多少个孔?""啊……"主持人无言以对。

在这里,应考者面对主持人的刁难,先巧妙地回避,再"投其所好"恭维他"知识渊博",使其在自我陶醉中不知不觉充当了被考者的角色,应考者又一再恭维他"回答正确""完全正确",使其更加自鸣得意,完全忘记了自己的角色身份,最后落入了对方的陷阱。而应考者巧妙地运用"投其所好"术,反客为主,反守为攻,掌握了主动权,反而控制了主持人,也使自己的知识水平、应变能力和杰出的辩才得到了充分的展示。

09　阐述观点时，如何让表达生动

在说服他人的过程中，可选取比较恰当的比喻，把精辟的论述与摹形拟象的描绘糅合在一起，这样，不但能给人以艺术上的美感，而且会更有说服力。让我们看一个例子：

《召公谏厉王弭谤》记述了召公的劝谏之词。文章的中心思想是劝谏厉王不能压制人民的言论，应像治水那样予以疏导，让人民对朝政畅所欲言，择善而从，改正失误，实现人民的意愿。

内容分三个层次：第一层（"是障之也"至"为民者宣之使言"），召公用"防民之口，甚于防川"的比喻，说明厉王弭谤的危害性，可谓振聋发聩！"川壅而溃，伤人必多，民亦如之"，具体说明了"防民之口，甚于防川"的道理。江河堵塞不通，就会引起决堤泛滥，受到伤害的人一定很多。而堵塞人民的嘴，不让人民讲话，也必然会引起类似江河决堤泛滥那样的严重后果。这就自然而然地引出结论，也是召公的政治主张："为川者决之使导，为民者宣之使言。"就是要让老百姓把话说出来，才是为政者的正确途径。

第二层（"故天子听政"至"是以事行而不悖"），以"天子听政"一句总领，写了"宣之使言"的种种好处。召公认为，天子处理政事，首先要广开言路，让人民把心里想的都说出来，才知道老百姓在想些什么。这就要通过大大小小的各种官员，用诗、曲、书、箴等形式进言。

第三层（"民之有口也"至"其与能几何"），从正反两方面论述"民谤"直接关系到国富民强的道理。以"土之有山川"和有"原隰衍沃"比喻"口之宣言"，是前一个比喻的深入，即对待民"谤"不仅不能消极被动地"防"，更要积极主动地"宣"。这就更增强了劝谏的说服力。这两个分句说明了"口之宣言也，善败于是乎兴"，也就是说，让老百姓发表言论，国家政事的好坏就能够从这里体现出来。"行善而备败，其所以阜财用衣食者也"，紧承、小结"财用于是乎出"和"衣食于是乎生"两句，也说明了"口之宣言"的重要性。

《召公谏厉王弭谤》的三层内容中有两层都运用了比喻的手法，正是这些形象生动的比喻，才使得召公的建议易于被厉王接受。而其中提出的"防民之口，甚于防川"，"为川者决之使导，为民者宣之使言"，已经成为历代传诵的名言。《荀子·王制篇》说："君者舟也，庶人者水也。水则载舟，水则覆舟"。唐朝魏征的

《谏太宗十思疏》说:"怨不在大,可畏惟人;载舟覆舟,所宜深慎。"都来源于此,可见这一比喻对后世影响之大。

摹形拟象用形象的手法来阐述自己要说的道理,既不伤和气,又能顾全大局,不失为一种说服他人的好方法。

10　提出意见时，如何照顾对方自尊

任何人都有自尊、要面子，所以，在说服他人的过程中，以柔克刚，多用建议的语气词句，少用命令口吻，这样不但能避免伤害别人的自尊，而且他们会觉得你这个人平易近人，进而乐于接受你的建议，与你友好地合作。

卡耐基曾和美国最著名的传记作家伊达·塔贝尔小姐一起吃饭，卡耐基告诉她自己正在写有关"对待下属"的重要的书。塔贝尔告诉卡耐基，在她为欧文·杨罗写传记的时候，访问了与杨罗先生在同一间办公室工作了三年的一个同事。这个人宣称，他从未听过杨罗先生向下属下过一次命令。例如，欧文·杨罗从来不说"做这个或做那个"，或者是"不要做这个，不要做那个"。他总是说："你可以考虑这个"或"你认为这样做可以吗"。他在口授一封信之后，经常说："你认为这封信如何？"在检查某位助手所写的信时，他总是说："也许我们把这句话改成这样，可能会

比较好一点。"他总是给人自己动手的机会，他从不告诉他的助手如何做事，他让他们自己去做，让他们从自己的错误中学习成功的经验。

正是杨罗的这种做法，使得每个人都愿意和他相处，并乐于按他的意愿做事。所以，当我们要说服某个人时，最好也多用建议的口吻。

一个学生因故迟到了，导师以非常凶悍的口吻问道："你怎么能浪费大家的时间？不知道大家都在等你吗？"

当学生准备回答时，那位导师吼道："你回去吧，既然不想听我的课，以后也不用来了。"

这位学生是错了，不应该迟到，耽搁其他同学上课。但从那天起，不只这位学生对那位导师的举止感到不满，全班的学生都与他过不去。

他原本可以用完全不同的方式处理这件事。假如他友善一点地问："你有什么事情要处理吗？问题解决了吗？"并建议说："如果你能事先通知大家今天有事要晚来，大家的课程也就不会耽误了。"这位学生一定很乐意接受，而且其他的同学也不会那么生气了。通过这种方法，很容易使人们改正他们的错误，而且维持了对方的自尊，使他们认为自己很重要，并希望配合你的工作，而不是反抗你。所以，说服他人，最好别用命令的口吻，否则，后果绝对对你不利。

11　规劝他人时，如何用反话点醒对方

中国古话说："将欲取之，必先予之"。太极拳理论讲究的是"欲进先退，欲前先后"。在说服过程中，有时为了更好地达到目的，口头说出的意思和自己的真实意图恰恰相反，反而能成功。这就是正话反说的妙处所在。

正话反说可以用来增强批评人的效果。下面这位班主任的说法就巧妙地运用了此方法。班上有不少男生最近迷上了抽烟，深谙教育心理的班主任知道这是许多男生在发育期间追求"成人化"的表现，横加指责只会造成师生对立。

因此，在一次班会上，班主任并不点吸烟学生的名，只是说了这样一席话："今天我给大家讲讲吸烟的好处。"一句妙语开场，如石击水，反响强烈。

班主任讲道："第一大好处是吸烟引起咳嗽，夜半尤剧，可以吓退小偷；第二大好处是咳嗽导致驼背，可以节省布料……"

这种诙谐的反语暗示了吸烟的害处，使学生在笑声中感受和理解了教师的用意。

在说服时，用反语来归谬，然后合乎逻辑地推出一个荒唐可笑的结论来，也很有效果。

让我们再看个例子。西汉时期，汉武帝讨厌喂大自己的乳娘，嫌她好管闲事，便决定将她迁出宫外去住。乳娘在皇宫住了几十年，非常不愿离开宫廷生活，在无可奈何之时，想到了大臣东方朔，他是汉武帝的近身红人，希望他能帮助自己说几句话。

她把事情告诉东方朔后，东方朔安慰她说："你如果想获得帮助的话，就在他派人将你带走的时候，不断地回头注视皇上，千万不可说什么话。这样的话，也许还有一点希望。"

这天，乳娘将要离开汉武帝，满眼泪水，回头向汉武帝看了好几次。东方朔故意大声地说："乳娘，你快走吧！皇上现在用不着你喂奶了，还担心什么呢？"

汉武帝一听这几句话，如遭雷击一样，感到十分难过，想到自己是吃她的乳水长大的，她又没有什么大错，就立刻收回成命，留乳娘继续住在宫里。

在这个故事里，东方朔巧妙地利用反语，说汉武帝已长大了，不需要她再喂奶了，正是借此向汉武帝说明，他是吃着乳母的奶长大的，汉武帝仅仅因为老人的一些小毛病而要把她赶出去，岂不成了忘恩负义之徒？这样他成功地达到了规劝汉武帝的目的。

正话反说的应用不在于多，而在于精，只要能让对方听懂你的意思就可以了。

反语规劝还有一个要求，即反语必须幽默风趣，气氛必须轻松，使别人生不起气来，心甘情愿地接受你的规劝。如果你态度生硬粗暴，只会引起对方的愤怒。

把握好其中的分寸，好好说服他人吧。

12　对方醒悟时,如何做到见好就收

从前,有一位乐士能演奏许多美妙的乐曲,常常被人请去演奏,很受欢迎。有一次,他被一位大富翁请到府中表演,优美的音乐令富翁心旷神怡。富翁很高兴,对乐师说:"如果你能照今天的曲目演奏下去,昼夜不息,我可以送给你百亩良田。"

乐师毫不介意,反问富翁:"若我能一直演奏下去,你能听下去吗?"富翁以为乐师不敢接受这个苛刻的条件,便答道:"只要你演奏,我就可以听下去。"

于是,乐师开始演奏起来,三天三夜未曾停息,一遍又一遍地演奏着那首优美的曲子。到了第四天富翁实在受不了了。现在他听着这支曲子,再也感受不到那优美的旋律,只觉得令人烦躁。第五天,他终于认输了。

这个故事告诉我们,凡事都不能"过",再好的东西让你天天吃,你也会倒胃口。聪明的厨师会把菜的分量控制得恰到好处。

所以，无论做什么都要把握好度。说服别人也是如此。

在说服他人的过程中，就要以符合对方的"口味"为出发点，把道理讲得绘声绘色、情趣盎然。因为只有美妙的语言才能吸引我们的说服对象去深入理解其内涵。

啰唆的话往往令人反感，但有些人生怕对方听不懂，翻来覆去地讲同一个道理，结果却适得其反。所以，我们应因人而异，针对实际把握要讲的内容。否则，就会"事"极必反。

让我们看个例子吧：一天早上，小高上班快要迟到。于是，骑了自行车就赶着去单位。一路上，他闯了好几个红灯。不过，恰好那些路口都没有交警，而且车辆也不多，他暗自庆幸。仍旧拼命地蹬着自行车。又是一个路口，快到跟前时红灯亮了，他像之前一样，要闯过去。可这次，运气没有那么好，交警过来了，并命令他停下。

交警严厉地说："没看到红灯吗？你知不知道这样做很危险？"

小高自认为做错了事，于是主动认错说："对不起，交警同志，我急着赶时间，是我不对，以后一定注意。"交警说："以后？还想有以后？你知道如果出了交通事故，不但影响交通，而且事故双方都会受损失吗？"交警喋喋不休地反复地说着小高的不是。小高眼看着时间一分分地过去，心里别提有多着急了。上班的时间马上就到了。但交警还在说着交通事故的严重危害。小高心里不时地暗暗祈祷着：放我一马吧，求求你了。况且我平时也是很遵守交通规则的，今天只是情况特殊而已。

眼看上班时间就到了，再不走真得迟到了，于是，小高对交警说："同志，我马上就要迟到了，您就让我走吧！我保证以后不再有类似的事情发生，我保证！求求你了！"

小高想，跟交警说了半天，也该让他走了，况且自己的认错态度也够端正的了。但是，他错了。交警说："现在知道着急了，出了交通事故更走不了，那就不急了？"

小高不说话了，低着头，继续听着交警的批评教育。上班时间都过了几分钟了，奖金是扣定了。交警还在没完没了地说着，小高实在忍不住了，对交警说："你说完了吧，我已经知道错误并保证以后不犯了，你还想怎么样？反正我已经迟到了，你没说够就继续说吧，我奉陪到底。今天就不走了。"

交警听了小高的话，更加生气，认为小高根本就没有认识到自己错误的严重性。于是，又说了一些批评的话，此时的小高哪里还听得进他的话，开始反驳了。就这样，两人争执了起来，引来了无数的人围观。人们听了一会儿，知道了情况后，竟然都说是交警不对。

说服他人的确得把握住事情的分寸，本来交警教育几句，小高就能听进去，但他不顾事情的特殊性，没完没了地批评小高，当然会让小高心里不舒服，觉得他是个不近情理的人。于是，也就会发生这场本来可以避免的冲突。

13　提升影响力的一个万能沟通技巧

要想圆满地说服他人，其办法只有倾听，倾听，还是倾听，别无他法。

曾经有个小国派使者到中国来，进贡了三个一模一样的金人，金碧辉煌，把皇帝高兴坏了。可是这小国不厚道，进贡的同时还出了一道题目：这三个金人哪个最有价值？

皇帝想了许多的办法，请来珠宝匠检查，称重量，看做工，都是一模一样的。怎么办？使者还等着回去汇报呢。泱泱大国，总不能连这个小事都不懂吧？

最后，有一位已退休的老大臣说他有办法。皇帝将使者请到大殿，老臣胸有成竹地拿着三根稻草，插入第一个金人的耳朵里，这稻草从另一边耳朵出来了。第二个金人的稻草从嘴巴里直接掉出来。而第三个金人，稻草进去后掉进了肚子，什么响动也没有。老臣说：第三个金人最有价值！使者默默无语，答案正确。

这个故事告诉我们，最有价值的人，不一定是能说会道的人。老天给我们两只耳朵一个嘴巴，本来就是让我们多听少说的。善于倾听，才是成熟的人最基本的素质。

一位汽车推销员，有一次向顾客推荐一种新型车，他热忱接待，并详尽地为客人介绍车子的性能、优点。客人很满意，并递上名片，有说有笑地随他一起走向办公室，准备办理购买手续。岂料，从展厅到办公室，短短几分钟，客人的脸色却越来越难看，正要办手续时，突然决定不买了，眼看就要成交的生意"黄了"。

这位顾客为什么突然变卦？推销员辗转反侧，不能入眠。他回忆着自己的每一句话，并没有发现讲错的地方，也没有冒犯顾客的地方，真是百思不得其解。于是他忍不住给那位顾客拨了电话："很抱歉！我知道已经很晚了，但我检讨了一整天，还是想不出自己错在哪里，因此冒昧地打电话向您请教。"

"真的？你在听吗？"

"我在听。"

"可是，今天你并没有用心听我说话。就在我签字之前，我提到我儿子即将进入密歇根大学就读，我还跟你说到他喜欢赛车和将来的抱负，我以他为荣。可你根本没听我说这些话。"

听得出来，客户对他很不满意。事实上这位推销员当时确实没有在意客户的话。对方继续说："你只顾推销自己的汽车，根本不在乎我说什么。我不愿意从一个不尊重我的人手里买东西！"

原来，那位客人的儿子考上了名牌大学，全家人异常高兴，并决定凑钱买辆跑车送给儿子。客人谈话中数次提及儿子、儿子、儿子，而推销员却一味强调：车子、车子、车子！

这位推销员恍然大悟。他从此引以为戒，外出推销不仅带上自己的"嘴巴"，更带上自己的"耳朵"，带上感情、带上爱心。

日本"推销之神"原一平曾说："懂得倾听对方的谈话，尊重对方的兴趣，你就成功了一半。"说话要说到别人的心坎上，首先要学会听别人说。通过倾听，来了解对方心灵深处的"共鸣点"，然后再"有的放矢"，这样就能切中要害，一言九鼎，知己知彼，百"说"不殆。

倾听是一种姿态，是一种与人为善、心平气和、谦虚谨慎的姿态。有了这种姿态，就能做到海纳百川、光明磊落、心地无私。

在说服他人的过程中，要善于倾听对方的谈话。尤其是善于倾听带着某种情绪的谈话，并做出适度的应答。善于倾听的人有耐心，有虚心，有爱心，他们在人际交往方面一定会成功的。一般人在交谈中，尤其是说服人的交谈中，倾向于以自己的意见、观点、感情来影响别人，因而往往说个不停，似乎只有这样才能达到交谈的目的。这样的人很容易招致别人的厌烦。实际上，要说服他人，光作一个好的演说者不一定成功，还须作一个好的听众。在谈话中，任何人都不可能总是处于说的位置上。要使交谈的双方交流畅通无阻，就必须善于倾听他人的谈话。

话多的人，他们有锋芒毕露的时候，也常有言过其实之嫌。话说多了，成为夸夸其谈，油嘴滑舌；说过分了还导致言多必有失，祸从口出。而静心倾听就远没有这些弊病，倒有兼听则明的好处。

善于倾听的人，给人的印象是谦虚好学，是专心稳重，诚实可靠的。善于倾听的人，能够给别人以充分的空间诉说自己，他们性格温和，多半不会急躁。他们懂得，认真听能减少不成熟的评论，避免不必要的误解。

善于倾听的人常常会有意想不到的收获：蒲松龄因为虚心听取路人的述说，记下了许多聊斋故事；唐太宗因为兼听而成明主；齐桓公因为善听而重用管仲；刘玄德因为恭听而鼎足天下取其一。

所以，要想做个成功的说服者，你必须先学会倾听他人的意见。

参考书目

1. 《好思维决定好口才》曹希波编著
2. 《这样说话最讨人喜欢》王军云编著
3. 《说话办事有分寸》刘烨主编
4. 《口才鸡汤》思文编著
5. 《说话的艺术》方瑾编著
6. 《说话方与圆》东方明编著
7. 《客套话 漂亮话 分量话：实用口才3项修炼》郭碧莲编著
8. 《怎样建立好人缘》吴必达编著
9. 《实用口才必读大全》金和编著
10. 《怎样提高说话水平》张培弛编著
11. 《说话有智慧》张兆娟编著
12. 《世界上最会说话的人》史迪文著
13. 《实战口才兵法88》王舒编著
14. 《全球顶级CEO讲演录》[美]理查德·富恩提斯著，语言桥翻译社译
15. 《会交朋友好办事》孙澈著
16. 《商务人员口才训练》王邦主编

17.《好口才好前程》郑观芯编著

18.《这样说话最有效》王洪梅编著

19.《口才自学法》黄桂林著

20.《演讲口才经典范文百篇》郑成刚编著

21.《口才训练术》应天常著

22.《金牌直销员口才修炼》陈企盛主编

23.《口才的故事》剑东编著

24.《好口才赢天下》呼志强编

25.《口才与演讲——技能训练》刘伯奎,王燕编著

26.《卡耐基口才训练教程》[美]戴尔·卡耐基原著,王欣编译

27.《你的口才价值百万》张绍含编著

28.《实用口才大全》刘毅正编

29.《谈判力》曹伟,苟志强编著